너를 세우고, 나를 세우는
소그룹 채플

김대용, 윤지영, 이정미 공저

에듀컨텐츠·휴피아
ECH Educontents Huepia

에듀컨텐츠·휴피아
ECH Educontents·Huepia

머 리 말

이 교재는 기독교 대학에서 운영되는 소그룹 채플이 지향해야 할 신학적·교육적 의미를 정리하고, 이를 실제 교육 현장에서 적용할 수 있도록 돕기 위해 집필되었다. 오늘날 대학 교육은 지식의 전달을 넘어, 학생들이 어떤 가치관을 가지고 살아갈 것인지, 어떤 인간으로 성장해 갈 것인지에 대한 질문에 응답하도록 요구받고 있다. 특히 기독교 대학은 신앙과 삶, 배움과 인격, 개인과 공동체를 분리하지 않는 전인적 교육을 통해 기독교적 세계관을 삶의 태도로 형성하도록 돕는 책임을 지닌다.

소그룹 채플은 이러한 기독교 대학 교육의 목적을 구체적으로 실현할 수 있는 중요한 교육 방식이다. 채플은 단순한 예배 참여를 넘어, 소그룹이라는 관계적 구조 안에서 학생들이 말씀을 함께 나누고 자신의 삶을 성찰하며, 타인의 이야기에 귀 기울이고 공동체 안에서 성장하도록 돕는다. 이를 통해 학생들은 신앙을 개인적 경험에 머무르지 않고, 관계와 실천 속에서 살아 있는 삶의 방향으로 이해하게 된다.

본 교재는 이러한 소그룹 채플의 교육적 의미를 분명히 하기 위해 두 부분으로 구성되었다.

제1부 「기독 인성과 소그룹 채플」에서는 기독 인성의 개념과 훈련, 하나님과의 만남에 대한 성서적 이해, 그리고 소그룹의 의미를 다룬다. 이를 통해 소그룹 채플이 단순한 활동 프로그램이 아니라, 기독교적 인간 이해와 공동체 신학에 기초한 교육 과정임을 밝히고자 한다.

제2부 「예수대학교 소그룹 채플의 실제」에서는 이러한 이론적 토대를 바탕으로, 한 학기 동안 운영되는 예수대학교의 소그룹 채플 프로그램을 주차별로 제시한다. 1학기와 2학기 각각 7주차로 구성된 본 프로그램은, 각 주차의 주제와 활동을 통해 기독 인성이 삶 속에서 훈련되고 점진적으로 성숙해 가도록 설계되었다. 이는 소그룹 채플을 운영하는 지도자에게는 실질적인 운영 지침이 되며, 학생에게는 신앙과 삶을 성찰하는 구체적인 안내서가 될 것이다.

이 교재는 정해진 답을 제시하기보다, 질문을 통해 함께 고민하고 나누도록 초대하는 책이다. 소그룹 채플은 가르치는 자와 배우는 자를 구분하기보다, 모두가 공동체 안에서 함께 배우고 성장하는 과정을 중시한다. 이 책을 통해 학생들은 하나님 앞에서 자신의 삶을 돌아보고, 이웃과의 관계 속에서 책임 있는 존재로 살아가는 기독 인성을 훈련하게 될 것이다.

이 교재가 소그룹 채플이 운영되는 교육 현장에서 실제적으로 활용되며, 신앙과 삶을 연결하는 통로로서 학생들의 성찰과 성장을 돕는 동반자가 되기를 기대한다.

2025년 12월

저자 일동

목 차

너를 세우고, 나를 세우는

소그룹 채플

에듀컨텐츠·휴피아
ECH Educontents·Huepia

에듀컨텐츠·휴피아
ECH Educontents·Huepia

제1부.

기독 인성과 소그룹 채플

1. 기독 인성의 이해
2. 소그룹 활동의 이해

1. 기독 인성의 이해

1) 기독교 인성이란?

기독교 인성은 창조주 하나님의 본질을 바르게 이해하는 것으로부터 시작된다. 인간은 창세기 1장 26-28절에 명시된 바와 같이 하나님의 형상을 따라 창조된 존재이기 때문이다. 그러므로 인간을 올바로 이해하기 위해서는 인간을 창조하신 하나님을 먼저 이해해야 한다. 하나님은 본래 영이시나 인격을 지닌 분이며, 구속사역 가운데 나타내신 하나님의 인격적 속성은 그분의 형상대로 지음 받은 인간 안에서도 드러나야 할 특성이다.

창세기 1장 31절에서 하나님은 "보시기에 심히 좋았더라"고 말씀하신다. 이는 하나님께서 창조하신 모든 피조물이 온전하게 이루어졌음을 의미하며, 인간 또한 하나님의 창조 안에서 온전한 존재로 이해되어야 함을 시사한다. 따라서 인간의 인간됨은 개인의 능력이나 성취로 완성되는 것이 아니라, 하나님으로 인해 주어진 존재적 가치에 근거한다.

이러한 관점에서 볼 때, 기독교 인성은 하나님의 창조 질서 안에서 인간이 하나님의 형상을 회복하고, 그분의 본래 속성이 삶 속에서 드러나도록 하는데 목적이 있다. 이는 하나님의 부르심에 응답하여 하나님과 인격적인 관계를 맺고, 이웃을 사랑하고 돌보며, 하나님의 뜻을 따라 살아가는 삶의 태도로 이해될 수 있다. 따라서 기독교 인성교육은 인간의 영적 차원과 일반적 인성을 함께 다루는 전인적이고 통합적인 관점에서 이루어져야 한다.

2) 성령의 아홉 가지 열매

기독교 인성의 구체적인 내용은 성령의 아홉 가지 열매로 설명할 수 있다. 헬라어 원문을 살펴보면, 성령의 아홉 가지 열매는 아홉 가지 덕성을 지닌 한 가지 열 매를 의미한다. 다시 말하면 성령의 아홉 가지 열매는 하나의 열매 안에 아홉 가지의 덕성들이 담겨 있다는 의미이다. 예를 들어 나에게는 성령의 열매인 충성은 있는데 인내는 없다고 말할 수 없다는 말이다. 한 열매 안에 인내라는 열매가 상대적으로 작을 수는 있지만, 나에게는 충성은 있고 인내는 없다라고 말할 수 없다는 뜻이다.

성령의 아홉 가지 열매의 내용에 대한 골자는 다음과 같이 예수그리스도를 통해 중생과 칭의의 은혜를 경험한 그리스도인이 성령을 통해 성화하는 과정 속에서 아홉 가지의 열매(덕성)을 맺게 된다는 것으로 이해할 수 있다. 이때 성화의 과정 속에서 맺게 되는 열매는 그리스도인으로 하여금 과거의 자신과는 전혀 다른 새로운 사람으로서의 거듭난 삶을 통해 하나님의 성품에 참여하는 것을 증명하는 것이 된다(창 1:27-28). 그리고 그 근간에는 윤리적인 요소가 포함되어 있다. 그런데 여기에서 주목해야 할 것은 성령의 열매가 '행위'가 아닌 '존재'를 중요시하고 있다는 사실이다. 이는 밖으로 드러나는 행위를 통해 '선한 성품'을 결정하는 것이 아닌 '선한 성품'을 통해 행위가 결정된다는 것을 의미한다. 그리고 그리스도인은 이러한 과정을 통해 덕성을 기르게 된다.

이때 중요한 것은 성령의 아홉 가지 열매가 인성과 관련된 중요한 요소들을 내포하고 있으며, 각각의 요소는 파편적으로 존재하는 것이 아니라 상호 연관 되어 있다는 사실이다. 그러므로 성령의 아홉 가지 열매의 각 덕목들은 개체적으로 가르치는 파편화된 인성이 아닌 연속적이며 보완적인 인성으로 이해해야 한다.

성령의 아홉 가지 열매는 다음의 세 가지 영역으로 구분할 수 있다

첫째, 개인적인 덕성으로는 충성, 온유, 절제가 해당되고, 둘째, 타인과 관계와 관계된 덕성으로는 오래 참음, 자비, 양선이 해당되며, 셋째, 하나님과의 관계와 관계된 덕성으로는 사랑과 희락, 화평이 해당된다.

개인적 덕성인 충성은 하나님 앞에서의 정직한 마음과 태도의 의미뿐만 아니라 더 나아가 인간 대 인간의 윤리적인 관계에서의 책임감으로 해석 된다. 왜냐하면 그리스도인은 세상에서 하나님의 충성된 자로 살아가면서, 다른 이들에게 삶의 모범을 보여야 하는데 이는 다른 이에 대한 정직과 행위에 대한 책임감을 근간으로 하기 때문이다. 이는 일반적인 인성교육이 제시한 자신에게 주어진 의무를 정직하게 이행하고, 맡은 바에 책임을 지며, 최선을 다해 삶속에서 구현하는 삶을 포함한다고 볼 수 있다.

둘째, 성령의 아홉 가지 열매 중 오래참음(μακροθυμία)은 우리가 갖춰야 할 덕목들 가운데 배려를 포함한다. 사전적 의미의 배려는 상대방에게 관심을 가지고 도와주거나 마음을 써서 보살펴주는 것을 말하며, 이를 위해서는 타인으로 인해 손해를 보거나 안 좋은 행위를 당해도 참고 인내하며 분을 내지 않아야 한다. 이와 같은 개념은 하나님께서 인간의 죄를 회개할 때까지 참고 기다려 주셨음을 기억하고 이를 본받아 살아가는 그리스도인이 그의 삶 속에서 다른사람들을 배려하고 사소한 충돌이 일어나도 인내하며 기다려 주는 모습, 즉 오래 참음의 덕성을 가져야 한다는 내용에 포함되는 것이라고 볼 수 있다.

셋째, 성령의 아홉 가지 열매 중 화평(εἰρήνη)은 사회가 갖춰야 할 덕목들 가운데 소통을 포함한다. 소통은 전인적인 공동체를 이루기위해 필요한 조건이다. 왜냐하면 소통을 통해 구성원사이에 이루어지는 상호교류 및 상호공유가 이루어질 때, 건강하고 바람직한 공동체가 되기때문이다.

그런데 원만한 소통이 이루어지는 공동체는 구성원간의 내적인 평안과 행복을 내포한다. 다른 말로 표현하자면, 성령의 아홉 가지 열매 중 화평이라고 볼 수 있다. 화평 모든 관계를 온전하게 회복하여 그 안에서 평안과 기쁨을 누리게 하기 때문이다(엡 2:14-18).

성경에서 화평은 하나님과의 수직적인 회복(롬 5:1)이며 이웃과의 수평적인 회복이다(고후 13:11; 골 3:15). 왜냐하면 하나님과의 화평한 관계가 우리의 삶에 영향을 주어 이웃과의 관계에도 영향을 주기 때문이다(빌 4:7).

그러므로 하나님과의 관계 회복을 위해 그분의 말씀에 귀를 기울이는 것과 마찬가지로 공동체 구성원과의 관계회복을 위해 귀를 기울이고 그들을 이해할 때에 공동체가 안녕과 기쁨을 누리게 된다. 즉 정리하면 하나님 대 인간의 관계로 시작하여 인간 대 인간의 관계로 인성의 덕목이 확장되어 나아간다는 것이다.

왜냐하면 기독교 인성은 개인적 차원에서 머무는 것이 아니라 사회적 차원까지 확장되는데, 이는 인간의 영성뿐만 아니라 인간이 살고 있는 사회 환경에도 영향을 주기 때문이다. 요약하면 기독인성을 가진다는 의미는 우리를 부르시는 삼위일체 하나님에 대한 신앙적 응답을 의미한다. 즉 하나님과 인간과의 관계, 인간과 인간과의 관계, 나아가 자연과도 함께하는 통전적인 관계성 안에서 사건을 해석하고 책임성을 고민한다는 것을 뜻한다.

3) 기독 인성 훈련

하나님께서는 노예로 살던 이스라엘을 출애굽시키시고, 그들을 하나님의 백성으로 세워 가시는 여정 속에서 끊임없이 하나님의 말씀을 배우고 익히도록 명령하셨다. 여기서 "익히다"는 단순한 지식 습득을 넘어 두 가지 의미를 함께 지닌다.

첫째, 익히는 것은 배운 것을 삶 속에서 실행하는 것(practice)을 뜻한다. 말씀은 머리로 이해하는 것으로 완성되지 않으며, 일상의 선택과 관계의 태도 속에서 반복적으로 실천될 때 비로소 몸에 배는 신앙의 습관이 된다. 따라서 기독 인성 훈련은 '알고 있는 믿음'이 아니라 '살아 내는 믿음'으로 나아가게 하는 과정이다.

둘째, 익히는 것은 '무르익다(ripening)'의 의미를 포함한다. 과일이 자라 크기를 갖추는 것만으로 완성되지 않듯이, 인성 또한 즉각적인 결심만으로 완성되지 않는다. 예를 들어 사과는 초가을 무렵 크기는 거의 자라지만, 이후 보이지 않는 과정과 시간이 더해져 색이 깊어지고 맛과 조직이 성숙해진다. 이처럼 기독 인성은 겉으로 드러나는 변화만이 아니라, 내면에서 조용히 진행되는 성숙의 시간을 필요로 한다. 성령 안에서의 변화는 어느 날 갑자기 '생겨나는 성품'이 아니라, 말씀과 공동체 안에서 '자라가는 성품'이다.

이러한 의미에서 기독 인성 훈련은 성령의 아홉 가지 열매를 삶의 방향으로 삼고, 그 열매가 실제 관계와 공동체 안에서 익어 가도록 돕는 영적·윤리적 훈련이라 할 수 있다. 특히 소그룹은 이 훈련이 구체적으로 일어나는 가장 실제적인 장이다. 소그룹은 말씀을 함께 듣고 나누는 자리일 뿐 아니라, 서로를 배려하고 기다리며 책임 있게 반응하는 관계의 공간이기 때문이다. 즉, 성령의 열매는 개인의 내면에서만 성장하는 것이 아니라, 공동체적 삶의 자리에서 서로를 통해 다듬어지고 확인된다.

따라서 소그룹이 성령의 아홉 가지 열매를 담고 있는 주제들을 중심으로 적극적으로 활동할 때, 구성원들은 하나님의 성품을 닮아가는 젊은 인생으로 성숙해 갈 수 있다. 그리고 그 성숙은 개인의 변화에 머무르지 않고, 세상을 복되게 가꾸는 하나님의 일꾼으로 성장하여 공동체와 사회를 섬기는 삶으로 확장된다. 이는 곧 기독 인성 훈련이 지향하는 궁극적인 목표이며, 소그룹 채플이 추구하는 교육적·신앙적 방향이라 할 수 있다.

2. 소그룹 활동의 이해

1) 소그룹의 의미

인간을 공동체로 부르신 분은 하나님이시며, 그 공동체를 목적을 가지고 이끌어 가시는 분 또한 하나님이시다. 이러한 관점에서 소그룹은 인간이 자발적으로 만들어 낸 조직이기 이전에, 하나님의 존재와 성품, 그리고 하나님의 뜻 안에서 잉태된 공동체라고 이해할 수 있다. 하나님은 언약적 관계 속에서 공동체 가운데 임재하시며 일하시는 분이시고, 하나님의 형상대로 지음 받은 인간 역시 관계적 존재로 창조되어 공동체 안에서 살아가며 성숙하도록 부름받았다.

즉, 인간은 하나님의 사랑을 받는 존재로서 공동체적 관계 안에서 하나님께서 약속하신 삶을 가장 깊은 수준에서 경험하도록 창조되었다. 이러한 신학적 이해는 소그룹이 단순한 소모임이나 활동 단위가 아니라, 하나님과 인간, 그리고 인간과 인간의 관계가 실제적으로 드러나는 삶의 장이라는 점을 분명히 한다.

이에 더하여 교육학적 관점에서 소그룹은 상호작용과 상호의존을 바탕으로 구성되는 학습 공동체로 설명할 수 있다. 소그룹은 구성원들이 그룹의 일원으로서 자신을 인식하고, 타인과의 관계 속에서 자신을 재정의하며, 공통의 관심과 규범을 나누는 집단이다. 또한 각자에게 주어진 역할을 수행하며 서로에게 영향을 주고받고, 그 과정 속에서 의미와 보람을 발견하며 공동의 목적을 추구하는 둘 이상의 개인들로 이루어진 관계적 단위라 할 수 있다.

2) 삶을 나누는 소그룹

공동체는 성경 전체를 관통하는 핵심 주제이다. 구약에서 이스라엘 백성은 열두 지파 공동체로 부름받았으며, 바벨론 포로기 이후에는 디아스포라 상황 속에서도 회당을 중심으로 예배와 교육의 공동체를 형성해 나갔다. 예수 그리스도의 구원 사역 또한 열두 제자와 함께하는 소그룹 공동체로부터 시작되었으며 (막 3:14, 눅 6:12-19), 이는 공동체적 삶을 통한 제자 양육의 본을 보여준다.

초대교회 역시 소그룹을 중심으로 형성된 영적·육적 생명 공동체였다. 이들은 사랑과 섬김을 삶의 원리로 삼아 서로의 필요를 돌보았으며, 소그룹은 복음을 잃어버린 세상에 전하는 중요한 통로가 되었다. 오늘날에도 소그룹 사역은 '교회 속의 교회(church in church)'로 불리며, 역동적인 교회 공동체는 예외 없이 생명력 있는 소그룹을 중심으로 운영되고 있다.

소그룹에 속한 사람들은 가르침과 교제, 친교, 기도, 예배를 통해 서로의 삶에 깊이 참여한다. 그들은 서로를 사랑하고 용서하며, 짐을 나누어 지고, 격려하고 권면하며, 기도와 고백을 통해 한 몸의 지체로 살아간다. 하나님은 그리스도인의 삶을 개인적 신앙에 머물게 하지 않으시고, 서로를 마주하며 삶을 나누고 변화시키는 공동체적 방식으로 부르신다.

따라서 소그룹 사역은 그리스도의 몸 된 교회의 본질을 가장 잘 드러내는 구조이며, 복음 증거라는 교회의 사명을 공동체적 삶 속에서 실천하게 하는 장이다. 그리스도를 믿는 자들은 신앙에 기초한 상호 책임적 관계 속에서 살아가도록 부름받았으며, 소그룹은 하나님의 사랑의 성품을 삶으로 드러내고 성령과 동행하며 그리스도의 몸을 굳게 세워 가는 공동체라 할 수 있다.

3) 소그룹 활동의 유용성

사람은 만남을 통해 변화에 대한 도전과 자극을 받는다. 소그룹 공동체는 그리스도를 중심으로 공동의 목표를 추구하는 상호 유기적 단위로서, 구성원들이 역할과 공동체 의식을 공유하며 개인의 필요를 채워 나가는 효과적인 모임이다.

소그룹 활동의 유용성은 다음과 같이 정리할 수 있다.

첫째, 소그룹은 삶의 변화를 이끄는 공동체이다. 예수님은 말씀과 삶의 본을 통해 제자들의 성품과 생활에 근본적인 변화를 요구하셨고, 소그룹은 이러한 변화가 실제 삶 속에서 지속적으로 이루어질 수 있는 환경을 제공한다.

둘째, 소그룹은 성숙을 위한 공동체이다. 지속적인 만남과 관계 형성을 통해 구성원들은 친밀한 신뢰 관계를 형성하고, 그리스도 안에서 자신의 정체성을 발견하며 신앙과 인격의 성숙을 경험하게 된다.

셋째, 소그룹은 치유와 회복의 공동체이다. 소그룹 안에서의 치유는 비슷한 삶의 경험을 나누는 가운데 이루어지는 긍정적 상호작용을 통해 나타나며, 개인은 자신의 문제를 객관화하고 수용하는 과정을 거치게 된다. 이는 일종의 정서적·영적 카타르시스를 동반하는 회복의 과정이라 할 수 있다.

또한 삶의 나눔을 통해 서로 다른 배경과 경험을 지닌 사람들로부터 배우게 되며, 이러한 상호 학습은 개인과 공동체 모두의 성장을 촉진한다.

2021년 한국교회 소그룹 실태조사에 따르면, 코로나19 팬데믹 상황 속에서도 소그룹에 참여한 신자들은 그렇지 않은 신자들에 비해 예배, 성경공부, 묵상 등의 신앙 활동 참여 비율이 2~3배 이상 높게 나타났다. 이는 신앙생활의 지속성과 성숙에 있어 소그룹 활동이 핵심적인 역할을 수행함을 보여준다.

4) 소그룹 활동의 주제

소그룹 채플은 하나님 나라의 속성을 삶의 실천으로 연결하는 것을 지향하며, 다음과 같은 주제들을 중심으로 운영된다.

하나님 나라의 속성	실천적 주제
정의(공의)	사랑과 정의의 관계, 빈곤의 원인과 대책, 지역주의, 기독교적 통일 논의, 장애인이 꿈꾸는 세상, 다문화 가정 이해
자유와 해방	독서·시사 토론, 해방의 역사 성찰
평화와 생명	통일·평화 주제 시사 토론, 생명 존중 창작 활동
지식과 지혜	학문과 신앙의 관계, 공동체 예절 교육, 평화교육, 비폭력 대화
창조세계의 질서와 보전	환경·생태 교육, 지역 환경 정화 활동
영, 육의 건강함	영성 훈련과 건강, 내적 치유, 공동체 증진 훈련, 중독 및 (성)폭력 예방 교육
하나님의 자기계시	역사적 인물 성찰, 지도교수의 인생 나눔
사랑(자비)	감사 편지 쓰기, 지역사회 봉사, 탈북동포 이해
섬김과 봉사	해외 및 타문화권 나눔 사역, 지역 사회복지시설 방문, 장애 이해 활동

제2부.
예수대학교 소그룹 채플 실제

1. 1학기 소그룹 채플 활동
2. 2학기 소그룹 채플 활동

【소그룹 채플 운영 방법】

- 서로 수용할 수 있는 분위기를 마련한다.
- 참가자들이 골고루 이야기하고, 듣도록 배려한다.
- 충고나 판단 등은 하지 않는다.
- 삶의 현장마다 하나님께서 동행하고 계심을 믿도록 한다.

1. 1학기 소그룹 채플 활동

1 학기 소그룹 채플 활동

주차	내 용
1	나는 누구인가, 왜 여기 있는가 - 소명과 부르심을 발견하는 시간
2	채플은 무엇인가 - 하나님과의 만남으로서의 채플을 이해하는 시간
3	슬기로운 연애생활 - 건강한 이성교제에 대한 생각을 나누는 시간
4	슬기로운 대학생활 - 일상과 선택을 돌아보는 시간
5	슬기로운 사회생활 - 사회 속 관계와 역할을 이해하는 시간
6	성경은 무엇인가 - 성경은 무엇인지 함께 살펴보는 시간
7	교회란 무엇인가 - 교회에 대해 함께 생각해 보는 시간

1주차 나는 누구인가, 왜 여기 있는가

주제	소명과 부르심을 발견하는 시간

▣ 목표

1. 예수대학교에 오게 된 개인의 배경과 경험을 돌아본다.
2. 자기소개를 통해 소그룹 구성원 간의 친밀감을 형성한다.
3. 앞으로의 대학생활에서 기대·불안·희망을 나누고 한 가지 기도/바람을 함께 나눈다.
4. 입학이 우연이 아닌 하나님의 이끄심과 부르심일 수 있음을 성찰한다.

▣ 활동 내용

단계	내 용	시간
들어가기	■ 오리엔테이션 - 소그룹 채플 목적, 진행 방식 안내	5분
나누기	■ 자기소개 - '진진가'를 통해 자기소개하기 ■ 스토리 나눔 - 다음 질문을 중심으로 각자의 이야기 나누기 · 나는 왜 예수대학교에 오게 되었는가? (계획? 우연? 기도?) · 입학 전 내 마음은 어땠나? (기대·설렘·불안 등) · 대학에서 내가 되고 싶은 모습은 무엇인가? · 하나님이 나를 이곳에 보내신 이유는 무엇일까? · 이 소그룹 채플에서 얻고 싶은 것 1가지는?	40분
나오기	■ 소감 나누기 ■ 다음 주 활동 예고 ■ 기도	5분

▣ 진행 가이드

1. 자기소개

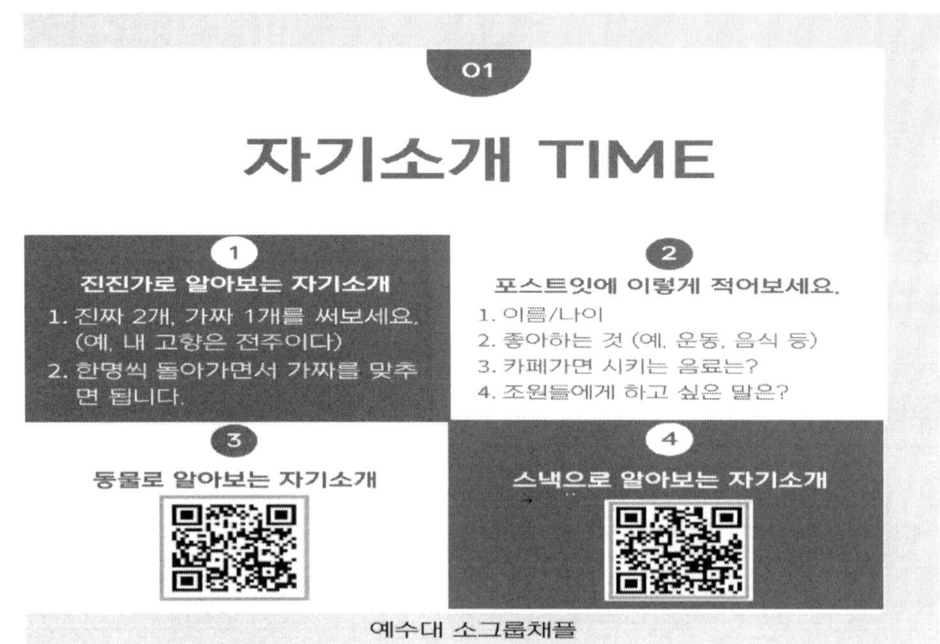

① 포스트잇 자기소개

- 리더는 포스트잇을 나누어주고, 팀원들이 이름·좋아하는 것·카페에서 시키는 음료·조원에게 하고 싶은 말을 적도록 안내한다.
- 작성이 끝나면 나이순/랜덤순/옆자리순 등 적절한 방식으로 돌아가며 소개하도록 진행한다.
- 자기소개는 길지 않아도 되며, 작성한 내용을 읽는 방식만으로도 충분함을 안내한다.

② QR 활동

- 리더는 QR 코드를 제공하고, 동물 또는 스낵 유형 테스트를 진행하도록 안내한다.

- 결과를 확인한 뒤 "나는 ~인데 너는?" 형태로 서로 비교하며 가볍게 이야기 나누도록 유도한다.
- 이 과정은 자연스럽게 분위기를 풀고 웃음·공감·라포 형성으로 이어지도록 리더가 분위기를 조정한다.

③ 진진가

- 리더는 각자 진짜 2 개 + 가짜 1 개의 문장을 작성하도록 안내한다.
- 한 명씩 돌아가며 발표하도록 진행하고, 나머지 조원들은 어떤 문장이 가짜인지 추리하도록 이끈다.
- 정답을 많이 맞힌 참여자에게 작은 선물을 제공하여 참여도를 높일 수 있다.

2. 스토리 나눔

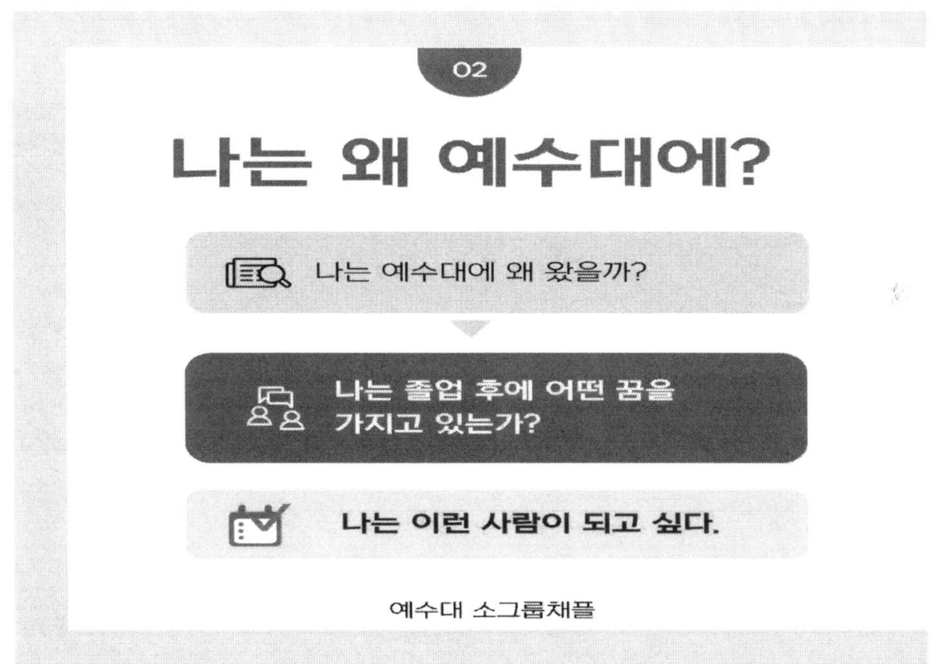

① 스토리 나눔 질문 카드 제공

- 리더는 질문 카드를 제시하고 다음 질문에 대해 생각해 보도록 요청한다.
  - ✓ 나는 왜 예수대학교에 오게 되었는가? 계획? 우연? 기도? 누군가의 추천? 나의 선택?
  - ✓ 입학 전 나의 마음, 감정은 어땠는가? 기대? 설렘? 불안? 혼란?
  - ✓ 대학에서 내가 되고 싶은 모습은 무엇인가?
  - ✓ 나는 졸업 후에 어떤 꿈을 가지고 있는가?
  - ✓ 나는 어떤 사람이 되고 싶은가?
  - ✓ 하나님이 나를 이곳에 보내신 이유는 무엇일까?
  - ✓ 이 소그룹 채플에서 얻고 싶은 것 한 가지는?

② 개인 기록(Thinking Time)

- 리더는 약 10분간 시간을 주고, 각 질문에 대한 생각을 간단히 정리하도록 안내한다.
- 말로 바로 표현하기 어려운 학생도 기록 후 공유 방식으로 참여할 수 있음을 알려준다.

③ 나눔

- 리더는 돌아가며 팀원들이 자신의 스토리를 나누도록 진행한다.
- 길거나 잘 정리된 말이 아니어도 충분하며, 적어둔 내용을 읽는 방식으로 나누어도 좋다고 안내한다.
- 리더가 먼저 편안하고 솔직하게 나누어 팀원들이 마음을 열 수 있는 분위기를 형성한다.

▣ 알아두면 좋은 Tip

라포(rapport)는 상담·교육·소그룹 관계 형성에서 사용하는 개념으로, 서로에 대한 신뢰와 편안함이 구축되어 자연스럽게 이야기할 수 있는 상태를 의미한다. 이는 단순한 친밀감을 넘어 심리적 안전감·수용·정서적 거리 감소까지 포함하는 개념이다.

■ 라포가 형성되면 나타나는 변화

✓ 말하기에 대한 부담이 감소한다.

✓ 감정·생각을 더 솔직하게 표현하려는 의지가 생긴다.

✓ 소속감·관계적 안정감이 높아진다.

✓ 이후 신앙·삶·정체성 이야기가 더 깊어질 수 있다.

1 주차 목적은 학생들이 서로를 편안하게 느끼는 환경을 만드는 것이며, 과도한 자기노출 없이 자연스럽게 관계를 여는 방식이 효과적이다.

아래 활동은 짧은 시간에도 상호 이해를 높이고 정서적 연결을 촉진할 수 있는 방법이다.

① 나를 상징하는 물건 소개하기 (사진 가능)

- 자신을 표현할 수 있는 물건을 1 개 소개하는 방식으로 진행한다.
- 긴 설명이 필요하지 않아 부담이 낮으며, 물건이 곧 이야기의 시작점이 된다.

■ 활동 효과

✓ 자기표현이 부담 없이 가능

✓ 개인의 특성을 쉽게 기억하게 됨

✓ 관심사·성향이 구체적으로 드러남

② 나를 표현하는 단어 3 개 적기

- 포스트잇 또는 카드에 자신을 표현하는 단어 3 개를 적는다.
  예) 부드러움 / 음악 좋아함 / 조용하지만 따뜻함
- 말로 길게 풀어내지 않아도 되므로 말하기가 낯선 학생도 참여할 수 있다.

■ 활동 효과

✓ 단어만으로 간단히 자기표현 가능 → 부담 최소화

✓ 공통 단어 발견 시 친근감 빠르게 형성

✓ 자기노출 수준을 스스로 조절 → 안전감 확보

③ 감정을 색·이모티콘으로 표현하기

- 입학 직후 학생들은 감정을 말로 정리하기 어려워하는 경우가 많다.
- 색 또는 이모티콘을 사용하면 감정 표현이 쉬워지고 공유가 부드럽게 진행된다.

■ 활동 효과

✓ 감정을 시각적으로 표현 → 이해 빠름

✓ 언어적 표현이 낯선 학생도 참여 가능

✓ 그룹이 서로의 정서를 확인하며 공감 형성

④ 고교시절 사진 한 장 소개하기

- 고등학교 시절 사진을 한 장 소개하며 기억을 나눈다.
- 개인의 배경과 경험이 드러나며 자연스럽게 이해 폭이 확장된다.

■ 활동 효과

✓ 같은 시기 경험 공유 → 공감대 형성

✓ 과거 모습이 드러나며 이해·연결감 증가

✓ 성장·변화·정체성 대화로 확장 가능

2주차 채플은 무엇인가

주제	하나님과의 만남으로서의 채플을 이해하는 시간

▣ 목표

1. 채플의 의미를 이해하고, 기독대학에서 채플이 갖는 의미를 알아본다.
2. 채플의 주요 활동을 살펴보며 채플이 어떤 시간인지 이해한다.
3. 채플의 유래를 통해 채플이 형성되어 온 배경과 의미를 이해한다.
4. 채플을 하나님과의 만남의 시간으로 바라볼 수 있는 관점을 형성한다.
5. 앞으로의 채플 시간이 자신에게 어떤 의미 있는 시간이 되기를 바라는지 생각하고 나눈다.

▣ 활동 내용

단계	내 용	시간
들어가기	■ 조원들 인사 ■ 오늘 활동 목표 및 내용 소개	5분
나누기	■ 마음열기 활동 ■ 채플에 대해 알아가기 · 채플은 어떤 시간인가에 대한 생각 나누기 · 채플의 유래와 배경 살펴보기 · 채플에서 이루어지는 주요 활동 알아보기 · 채플이 어떤 시간이 되기를 바라는지 나누기	40분
나오기	■ 소감 나누기 ■ 다음 주 활동 예고 ■ 기도	5분

▣ 진행 가이드

1. 마음 열기

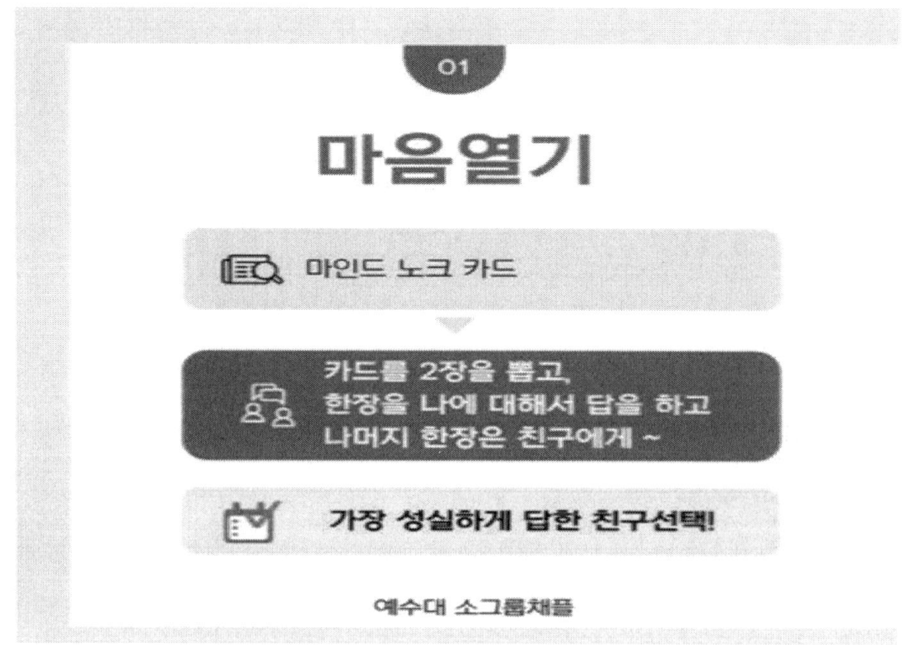

① 마인드 노크 카드 활동

- 리더는 마인드 노크 카드를 준비하여 각 조원에게 카드 2장을 뽑도록 안내한다.
- 조원들은 뽑은 카드의 질문을 읽고, 그중 1장을 선택해 자신의 생각이나 경험을 나눈다.
- 나머지 카드 1장은 옆 사람(또는 조원 중 한 명)에게 건네어 해당 질문에 대해 답해보도록 요청한다.
- 질문에는 정답이 없으며, 편안하게 느껴지는 만큼만 말해도 충분함을 안내한다.
- 리더는 조원들이 서로의 이야기를 존중하며 들을 수 있도록 분위기를 조성한다.

② **공감 활동**

- 리더는 나눔이 끝난 후, 조원들이 함께 박수로 서로를 격려하도록 유도한다.
- 특정 개인을 평가하거나 비교하지 않고, '오늘 처음 말해준 친구', '용기 내어 참여한 친구'를 향해 박수를 보내고, 필요에 따라 소소한 선물로 격려할 수 있다.
- 이 과정을 통해 참여 경험이 긍정적으로 기억되도록 돕는다.

2. 채플에 대해 알아가기

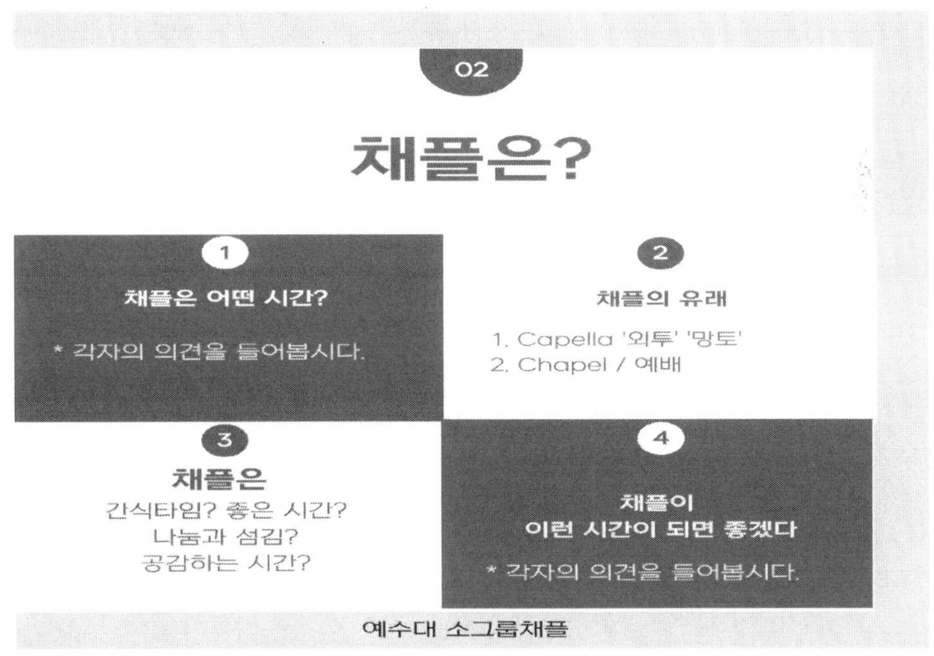

① **채플은 어떤 시간인가 나누기**

- 리더는 "채플이란 어떤 시간이라고 생각하는가?"라는 질문을 제시한다.
- 조원들은 자신의 경험이나 떠오르는 이미지를 바탕으로 채플에 대한 생각을 자유롭게 나눈다.
- 정답을 찾기보다는 각자의 인식과 느낌을 공유하는 시간임을 강조하며, 부담 없이 말할 수 있도록 분위기를 조성한다.

② 채플의 유래 알아보기

- 리더는 채플의 유래와 기독교 전통 속에서 형성된 배경을 간단히 설명한다.

채플(Chapel)은 외투나 망토를 뜻하는 라틴어 카펠라(Capella)에서 유래한 말이다. 채플의 기원은 가난한 사람의 모습으로 나타난 예수님에게 자신의 망토를 찢어 나누어준 마르탱(Martin) 대주교의 이야기에서 찾을 수 있다.

마르탱 대주교가 나누어주고 남은 망토는 이후 성물로 여겨졌으며, 그 망토를 보관하던 공간은 사람들이 모여 기도하는 장소로 사용되었다. 이처럼 누군가를 섬기고 나누었던 이야기가 시작이 되어 만들어진 기도 공간이 오늘날 우리가 말하는 '채플'의 출발점이다.

이후 채플은 교회 건물 안의 작은 예배 공간을 의미하게 되었고, 오늘날에는 병원, 학교, 군대 등 다양한 공간에서 공동체가 함께 예배하고 기도하는 장소 또는 그 시간을 가리키는 말로 사용되고 있다.

- 채플이 단순한 학교 프로그램이 아니라, 공동체가 함께 예배하고 말씀을 듣는 시간으로 시작되었음을 안내한다.
- 이때 채플을 '형식적인 예배'로만 설명하기보다는, 섬김과 나눔의 이야기에서 시작된 시간이라는 점을 강조하여 설명한다.
- 채플은 누군가를 위해 자신의 것을 내어놓았던 마음에서 비롯된 시간이며, 하나님 앞에서 자신을 돌아보고, 공동체와 함께 서는 시간임을 안내한다.
- 설명은 이해를 돕는 수준에서 진행하며, 어려운 신학적 용어나 개념은 사용하지 않는다.

③ 채플에서 이루어지는 활동 살펴보기

- 리더는 채플에서 일반적으로 이루어지는 활동(찬양, 말씀, 기도 등)을 소개한다.
- 각 활동이 갖는 의미를 간단히 설명하며, 채플의 전체 흐름을 이해할 수 있도록 돕는다.
- 조원들이 경험해 본 채플 장면이 있다면 자유롭게 덧붙여 이야기하도록 유도한다.

④ 채플이 이런 시간이 되었으면 나누기

- 리더는 "앞으로 채플이 나에게 어떤 시간이 되었으면 좋겠는가?"라는 질문을 제시한다.
- 조원들은 기대, 바람, 혹은 부담되는 점 등을 자유롭게 나눈다.
- 리더는 서로의 생각을 존중하며, 다양한 기대가 공존할 수 있음을 간단히 정리해 준다.

▣ 알아두면 좋은 Tip

마인드 노크 카드(Mind Knock Card)는 개인의 생각과 감정을 부담 없이 표현하도록 돕는 질문 중심의 대화 도구이다. '노크(knock)'라는 이름처럼, 마음을 갑자기 열어야 하는 질문이 아니라 상대의 마음을 조심스럽게 두드리는 질문으로 구성되어 있다.

상담이나 소그룹, 교육 현장에서 사용되는 질문 도구들은 종종 깊은 자기노출을 요구하거나 정답을 암묵적으로 기대하는 경우가 있다. 그러나 마인드 노크 카드는 그러한 부담을 최소화하고, 지금의 나를 있는 그대로 말해도 괜찮다는 메시지를 전달하는 데 초점을 둔다.

특히 처음 만나는 관계, 신앙 경험이 많지 않은 참여자, 말하기에 부담을 느끼는 학생들에게 적합하며, 자기소개와 본격적인 주제 나눔 사이에서 마음을 여는 '중간 단계' 역할을 한다.

■ 마인드 노크 카드의 특징

- ✓ 정답이 없는 질문으로 구성되어 있다.
- ✓ 과거의 깊은 경험이나 신앙 고백을 요구하지 않는다.
- ✓ 한 문장, 한 단어로도 답할 수 있다.
- ✓ 듣는 사람 역시 평가자가 아닌 '함께 듣는 사람'이 된다.

이러한 특성 덕분에 참여자는 "잘 말해야 한다"는 부담보다 "조금 말해도 괜찮다"는 안전감을 경험하게 된다.

■ 마인드 노크 카드 질문 예시

✓ 현재 상태를 묻는 질문
- 요즘 나를 가장 잘 표현하는 단어는 무엇인가요?
- 오늘 이 자리에 오기 전 나의 기분은 어땠나요?
- 최근 가장 자주 떠오르는 생각은 무엇인가요?

✓ 일상과 감정을 연결하는 질문
- 요즘 나에게 가장 필요한 것은 무엇이라고 느끼나요?
- 최근 나를 웃게 만든 작은 일은 무엇이었나요?
- 요즘 나의 하루는 어떤 색에 가까운가요?

✓ 관계와 방향을 떠올리게 하는 질문
- 요즘 가장 고마운 사람은 누구인가요?
- 지금의 나에게 해주고 싶은 말이 있다면 무엇인가요?
- 앞으로 조금 달라지고 싶은 나의 모습은 무엇인가요?

이 질문들은 깊은 설명을 요구하지 않으며, "잘 모르겠어요" 혹은 "아직 생각 중이에요"라는 답도 충분히 존중받을 수 있다.

■ 마인드 노크 카드 활용 방법

✓ 기본 활용 방법

- 리더는 마인드 노크 카드를 준비하여 각 참여자에게 카드 2장을 뽑도록 안내한다.
- 참여자는 그중 한 장을 선택해 자신의 생각이나 느낌을 나눈다.
- 나머지 한 장은 옆 사람에게 건네어 질문을 읽어주고, 그에 대한 답을 들어본다.
- 리더는 활동 시작 전에 다음과 같은 기본 규칙을 안내한다.
  '질문에는 정답이 없다.', '길게 말하지 않아도 괜찮다.', '듣는 사람은 판단하거나 평가하지 않는다.'

✓ 리더의 역할

- 리더는 먼저 카드 질문에 대해 짧게 자신의 생각을 나누며 참여의 문을 연다.
- 나눔 중 침묵이 생기더라도 서두르지 않고, 충분한 생각의 시간을 허용한다.
- 모든 답변에 공감의 반응을 보이며, 조원들이 안전하게 말할 수 있는 분위기를 유지한다.

마인드 노크 카드는 그 경험을 돕는 하나의 도구이며, 카드가 없어도 질문의 방식과 리더의 태도에 따라 충분히 동일한 효과를 만들어낼 수 있다. 마인드 노크 카드 활용의 목적은 서로를 완전히 아는 것이 아니라, 다음 이야기를 나눌 수 있는 관계의 출발점을 만드는 것이다.

3주차 슬기로운 연애생활

주제	건강한 이성교제에 대한 생각을 나누는 시간

▣ 목표

1. 대학생의 연애와 이성교제에 대해 각자의 생각을 자유롭게 나눈다.
2. 건강한 이성교제가 무엇인지에 대해 다양한 관점을 공유한다.
3. 연애와 이성교제 속에서 존중과 배려의 중요성을 함께 생각해 본다.
4. 관계 속에서 자신이 중요하게 여기는 가치와 기준을 돌아본다.

▣ 활동 내용

단계	내 용	시간
들어가기	■ 조원들 인사 ■ 오늘 활동 목표 및 내용 소개	5분
나누기	■ 마음 열기 - 나의 최애 남자, 여자 - 나의 최악 남자, 여자 ■ 연애를 떠올리면 생각나는 단어 나누기 ■ 건강한 이성교제에 대한 생각 나누기 ■ 연애에서 중요하게 여기는 가치 나누기 ■ 신앙의 관점에서 이성관계를 바라보는 생각 나누기	40분
나오기	■ 소감 나누기 ■ 다음 주 활동 예고 ■ 기도	5분

▣ 진행 가이드

1. 마음 열기- 나의 최애 남자·여자, 최악 남자·여자

- 리더는 '최애 남자·여자', '최악 남자·여자'라는 표현이 특정 인물을 평가하기 위한 것이 아니라, 연애에서 편안하게 느끼는 유형과 힘들게 느끼는 유형을 가볍게 떠올려 보기 위한 활동임을 먼저 안내한다.
- 실제 인물이나 실명을 언급하기보다는, 성격·태도·관계 방식 등 일반적인 특징으로 이야기하도록 안내한다.
- 조원들은 각자 최애 유형 1가지, 최악 유형 1가지를 떠올린 뒤돌아가며 간단히 나눈다.
- 이유는 길게 설명하지 않아도 되며, 말하고 싶은 만큼만 이야기하도록 한다.
- 리더는 사람마다 선호와 기준이 다를 수 있음을 강조하며, 비교하거나 평가하지 않는 분위기를 유지한다.

2. 연애를 떠올리면 생각나는 단어 나누기

- 리더는 "연애를 떠올렸을 때 가장 먼저 생각나는 단어는 무엇인가?"라는 질문을 제시한다.
- 조원들은 단어 1가지를 선택하여 돌아가며 나눈다.
- 이유를 덧붙이고 싶은 경우 한 문장 정도로 간단히 설명하도록 안내한다.
- 긍정적·부정적 단어 모두 존중되며, 연애에 대한 생각이 서로 다를 수 있음을 자연스럽게 확인하도록 이끈다.
- 리더는 특정 단어에 대해 추가 설명을 요구하거나 평가하지 않고, 다양한 인식이 공존함을 정리해 준다.

3. 건강한 이성교제에 대한 생각 나누기

- 리더는 "여러분이 생각하는 건강한 이성교제는 어떤 모습인가?"라는 질문을 제시한다.
- 조원들은 경험보다는 자신이 떠올리는 이미지나 기준을 중심으로 자유롭게 이야기한다.
- 리더는 조금 더 구체적으로 생각해보기 위한 방법으로 연애 밸런스 게임을 진행한다.
- 이 활동은 정답을 찾거나 특정 기준을 강요하기 위한 것이 아니라, 각자가 생각하는 관계의 경계와 기준을 살펴보기 위한 활동임을 먼저 설명한다.

연애 밸런스 게임

리더는 다음 질문을 하나씩 제시한다.

- 연인이 있을 때, 여사친/남사친과 단둘이 식사 가능?
- 연인이 있을 때, 여사친/남사친과 단둘이 영화 관람 가능?
- 연인이 있을 때, 여사친/남사친과 단둘이 술자리 가능?

리더는 각 질문에 대해

- 조원들이 '가능 / 불가능 / 상황에 따라 다름' 중 하나를 선택하도록 안내한다.
- 이때 손들기, 자리 이동, 카드 선택 등 부담이 적은 방식으로 의견을 표시하도록 한다.

이후 리더는

- 각 선택지에서 2~3 명 정도만 이유를 간단히 나누도록 요청한다.
- 이유는 개인적인 경험을 상세히 공개하기보다는, 자신이 중요하게 여기는 기준이나 생각을 중심으로 이야기하도록 안내한다.

리더는 나눔 과정에서

- 서로 다른 의견이 제시되더라도 옳고 그름을 판단하거나 결론을 내리지 않으며, 연애의 기준은 사람마다 다를 수 있음을 분명히 한다.
- 마지막으로 리더는 나눔 과정에서 드러난 공통 키워드(신뢰, 존중, 불안, 오해, 배려 등)를 간단히 정리한다.

- 리더는 연애에서 중요한 것은 '허용 여부' 자체보다, 서로의 기준을 알고 존중하며 소통하는 것임을 간단히 정리한다.
- 이 활동이 자신의 연애 기준과 경계를 돌아보는 계기가 되었음을 짚어준다.

4. 연애에서 중요하게 여기는 가치 나누기

- 리더는 "연애를 한다면, 나는 어떤 가치를 가장 중요하게 여길 것 같은가?"라는 질문을 제시한다.
- 조원들은 자신이 중요하게 여기는 가치 1~2 가지를 떠올려 나눈다.
- 이유는 길게 설명하지 않아도 되며, 한 문장 정도로 정리해도 충분함을 안내한다.
- 리더는 가치와 기준이 사람마다 다를 수 있음을 강조하며, 비교하거나 설득하려는 흐름이 생기지 않도록 조절한다.
- 이 활동을 통해 각자가 관계 속에서 무엇을 중요하게 여기는지 돌아볼 수 있도록 돕는다.

5. 신앙의 관점에서 이성관계를 바라보는 생각 나누기

- 리더는 "신앙의 관점에서 이성관계를 바라본다면 어떤 점을 생각해 볼 수 있을까?"라는 질문을 제시한다.
- 신앙 경험의 정도와 관계없이 편안하게 느껴지는 만큼만 나누어도 괜찮음을 안내한다.
- '아직 잘 모르겠다'는 생각이나 질문 역시 충분히 존중받는 답임을 분명히 한다.
- 리더는 특정한 기준이나 규범을 제시하기보다는, 관계 속에서의 태도와 마음가짐을 돌아보는 방향으로 이야기가 이어지도록 돕는다.
- 나눔이 마무리될 때, 오늘의 이야기가 각자의 삶과 관계를 한 번 더 생각해보는 계기가 되었음을 간단히 정리한다.

▣ 알아두면 좋은 Tip

■ 사랑의 의미 관련 성경 구절

2천여 년 전, 고린도전서의 저자인 사도 바울은 복음, 곧 예수 그리스도께서 이 세상에 오셨다는 기쁜 소식을 전하기 위해 소아시아와 유럽 지역을 오가며 선교 여행을 하였다. 그 과정에서 바울은 고대 그리스의 도시 중 하나인 고린도(Corinth)를 방문하게 되었다. 고린도는 그리스 반도와 대륙을 연결하고, 지중해 동서 교역을 잇는 교통의 요지로서 상업이 발달하고 물질적으로 매우 풍요로운 도시였다.

바울은 이 지역에서 선교 사역을 통해 고린도 교회를 세웠고, 교회의 규모는 빠르게 성장하였다. 그러나 교인 수가 증가하는 과정에서 공동체 안에는 서로를 시기하고 미워하는 갈등과 윤리적인 문제들이 함께 나타나게 되었다.

이에 바울은 공동체가 다시 붙들어야 할 핵심 덕목으로 예수 그리스도의 사랑을 제시하며, 그 사랑의 의미를 깊이 있게 해석한 서신을 고린도 교인들에게 보냈다. 이 서신의 핵심 내용이 바로 고린도전서 13장이다.

'사랑 장'으로도 잘 알려진 고린도전서 13장은 개인과 가족, 연인, 그리고 공동체 구성원들에게까지 폭넓게 적용될 수 있는 사랑의 본질적 의미를 설명하고 있다.

[고린도전서 13장 1~7절] / 새번역

1 내가 사람의 모든 말과 천사의 말을 할 수 있을지라도,
내게 사랑이 없으면, 울리는 징이나 요란한 꽹과리가 될 뿐입니다.

2 내가 예언하는 능력을 가지고 있을지라도,
또 모든 비밀과 모든 지식을 가지고 있을지라도,
또 산을 옮길 만한 모든 믿음을 가지고 있을지라도,
사랑이 없으면, 아무것도 아닙니다.

3 내가 내 모든 소유를 나누어줄지라도,
내가 자랑삼아 내 몸을 넘겨줄지라도,
사랑이 없으면, 내게는 아무런 이로움이 없습니다.

4 사랑은 오래 참고, 친절합니다.
사랑은 시기하지 않으며, 뽐내지 않으며, 교만하지 않습니다.

5 사랑은 무례하지 않으며,
자기의 이익을 구하지 않으며,
성을 내지 않으며, 원한을 품지 않습니다.

6 사랑은 불의를 기뻐하지 않으며,
진리와 함께 기뻐합니다.

7 사랑은 모든 것을 덮어 주며,
모든 것을 믿으며,
모든 것을 바라며,
모든 것을 견딥니다.

■ 사랑의 삼각형 이론

심리학자 로버트 스턴버그(Robert Sternberg)는 연구를 통해 사랑이 친밀감(intimacy), 열정(passion), 헌신(commitment)이라는 세 가지 요소로 구성되어 있다고 설명하였다. 이 이론은 연인 관계뿐 아니라 이성 친구와의 관계를 이해하는 데에도 유용하게 적용될 수 있다.

친밀감은 이성 친구와 정서적으로 가깝고 서로 연결되어 있다는 느낌을 의미한다. 이는 서로의 생각과 감정을 이해하고 적절히 공유하며, 의사소통이 원활하게 이루어질 때 형성되는 요소로, 사랑의 정서적 따뜻함을 포함한다.

열정은 낭만적인 감정이나 신체적 끌림에서 비롯되는 요소로, 관계 초기에는 빠르게 증가하지만 세 가지 요소 중 비교적 빨리 약화되거나 사라질 수 있는 특성을 지닌다. 헌신은 사랑의 인지적 측면에 해당하며, 이성 친구에 대한 사랑을 지속적으로 유지하려는 의지와 결심을 의미한다. 이는 연인 관계를 이어가기 위해 책임감을 가지고 노력하겠다는 태도이자, 자신과의 약속에 가깝다.

스턴버그는 이 세 가지 요소가 균형을 이루고, 연인 간에 충분한 소통이 이루어질 때 관계는 보다 성숙한 사랑의 형태로 발전할 수 있다고 보았다.

■ **이성 친구와의 건강한 소통**

사랑의 삼각형 이론에서 알 수 있듯이, 이성교제 과정에서 두 사람이 균형 있게 사랑하고 충분히 소통하는 것은 매우 중요하다. 일상 속에서 무심코 전달되는 언어적·비언어적 메시지는 관계를 더욱 단단하게 만들 수도 있지만, 반대로 오해와 갈등을 심화시키는 요인이 되기도 한다.

기독교 가정사역 전문가이자 상담가인 게리 채프먼(Gary Chapman) 박사는 "사랑하지만 언어가 다른 두 사람 사이에서는 사랑하는 마음이 제대로 전달되지 않아 오해와 상처가 쌓일 수 있다"고 설명한다. 이는 사랑이 부족해서가 아니라, 사랑이 소통되지 않기 때문이라는 점을 강조한다.

채프먼 박사는 고린도전서 13장에서 제시된 사랑의 의미와 자신의 상담 경험을 바탕으로, 사랑을 전달하고 받아들이는 방식에는 다섯 가지 유형이 있다고 설명하였다. 이를 '다섯 가지 사랑의 언어'라고 부른다.

✓ 인정하는 말: 칭찬, 격려, 지지, 위로의 말은 상대를 존중하고 인정한다는 메시지를 전달한다. 겸손한 태도로 감사와 긍정의 표현을 전하는 것은 관계를 건강하게 유지하는 데 중요한 역할을 한다.

✓ 함께하는 시간: 함께하는 시간은 단순히 같은 공간에 머무는 것을 넘어, 상대에게 온전히 관심을 기울이는 시간을 의미한다. 대화할 때 눈을 맞추고, 상대의 이야기를 진심으로 경청하는 태도가 중요하다.

✓ 선물(눈에 보이는 사랑의 표현): 선물은 반드시 비용이 드는 물건만을 의미하지 않는다. 사랑과 마음이 담긴 것이라면 무엇이든 상대에게 의미 있는 선물이 될 수 있다.

✓ 봉사: 봉사는 사랑하는 사람을 위해 행동으로 사랑을 표현하는 방식이다. 상대의 수고와 부담을 덜어주는 작은 행동은 관계 속에서 깊은 신뢰와 감동을 만들어 낸다.

✓ 스킨십: 신체적 접촉은 연애와 결혼 관계 모두에서 중요한 요소이다. 적절한 스킨십은 사랑과 존중을 전달하는 수단이 될 수 있으나, 스킨십 자체가 목적이 되어서는 안 된다. 무엇보다 상대의 의사와 경계를 존중하며 충분한 대화를 바탕으로 이루어지는 것이 중요하다.

■ 나눔 질문

✓ 다섯 가지 사랑의 언어 중 자신에게 특히 중요한 상위 세 가지를 순서대로 이야기해 본다.

✓ 대학생 시기의 이성교제에서 스킨십의 범위에 대해 각자의 생각을 나누어 본다.

✓ 리더는 자신의 이성교제 경험이나 첫사랑에 대한 이야기를 진솔하게 나누며, 관계를 바라보는 신앙적 관점을 자연스럽게 공유할 수 있다.

4주차 슬기로운 대학생활

주제	일상과 선택을 돌아보는 시간

▣ 목표

1. 대학생활 속에서 요즘 자신의 관심사와 생활 상태를 돌아본다.
2. 수면, 음주·흡연 등 일상적인 생활 습관에 대해 각자의 생각을 나눈다.
3. 서로의 경험과 의견을 통해 건강한 대학생활의 방향을 함께 고민한다.
4. 대학생활 속 선택과 결정에 대해 스스로의 기준을 점검해 본다.

▣ 활동 내용

단계	내 용	시간
들어가기	■ 조원들 인사 ■ 오늘 활동 목표 및 내용 소개	5분
나누기	■ 나의 관심 키워드 · 대학생으로 나는 무엇에 가장 관심을 두고 살아가고 있을까? ■ 술·담배에 대한 생각 나누기 · 술·담배에 대해 각자가 가지고 있는 생각 나누기 ■ 대학생활 꿀팁 나누기 · 시험기간 나만의 꿀팁 공유하기 · 동아리, 대학생활 활동 소개 및 추천 이유 나누기	40분
나오기	■ 소감 나누기 ■ 다음 주 활동 예고 ■ 기도	5분

▣ 진행 가이드

1. 나의 관심 키워드

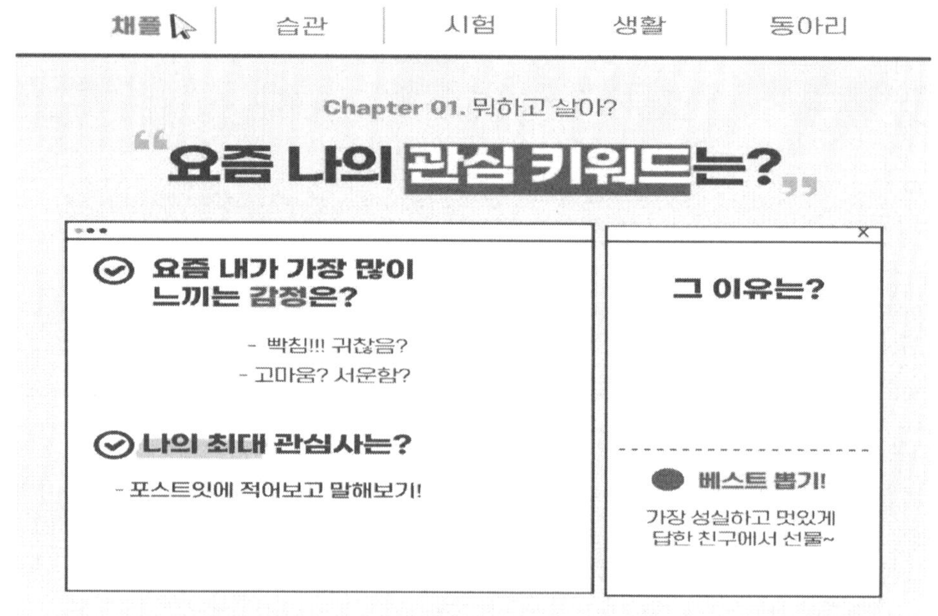

① 요즘 나의 상태 떠올리기

- 리더는 "요즘 나는 무엇에 가장 관심을 두고 살아가고 있을까?"라는 질문으로 활동을 시작한다.
- 이 활동은 목표나 이상이 아니라 지금의 나의 상태와 일상에 가장 가까운 관심사를 돌아보는 시간임을 안내한다.
- 리더는 다음 질문을 제시하며 조원들이 잠시 생각할 시간을 준다.
  - ✓ 요즘 내가 가장 많이 느끼는 감정은 무엇인가?
  - ✓ 최근 자주 떠오르는 생각이나 고민은 무엇인가?
  - ✓ 요즘 나의 하루에서 가장 많은 시간을 차지하는 것은 무엇인가?
- 조원들은 말하지 않고 혼자 생각하는 시간(1~2 분)을 먼저 갖도록 한다.

② 나의 관심 키워드 적기

- 리더는 포스트잇을 나누어 주고, 조원들에게 '요즘 나의 관심 키워드 1~2개'를 적도록 안내한다.
- 키워드는 단어 또는 짧은 문장 모두 가능함을 안내한다. (예: 시험, 연애, 휴식, 돈, 진로, 인간관계, 체력, 게임, 신앙 등)
- 잘 정리된 표현이 아니어도 괜찮으며, 지금의 나를 가장 잘 보여주는 말이면 충분함을 강조한다.

③ 이유 나누기

- 리더는 조원들이 돌아가며 자신의 키워드를 소개하도록 진행한다.
- 이유를 설명하고 싶은 경우, 한 문장 정도로 간단히 덧붙이도록 안내한다.
- 말하기가 부담스러운 조원은 키워드만 읽어도 충분함을 분명히 한다.
- 리더는 특정 키워드에 대해 평가하거나 해석하지 않는다.
- "요즘 대학생으로 살아가며 각자가 무엇에 마음을 두고 있는지 알게 되었다"는 점을 간단히 정리한다.

2. 술·담배에 대한 생각 나누기

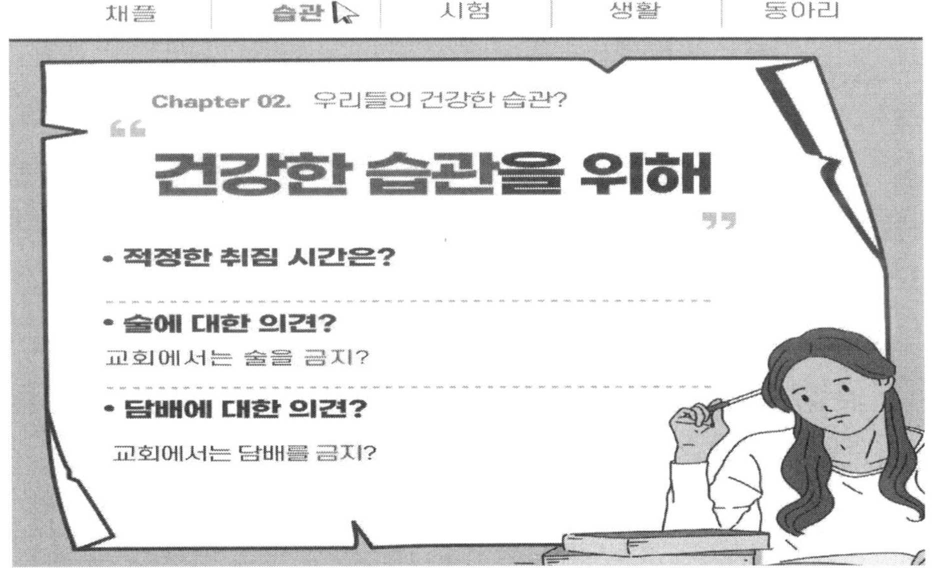

① 건강한 생활 습관 떠올리기

- 리더는 다음 질문을 차례로 제시하며 조원들이 잠시 생각하도록 한다.
  - ✓ '건강한 습관'이라고 하면 가장 먼저 떠오르는 것은 무엇인가?
  - ✓ 술이나 담배에 대해 나는 어떤 이미지를 가지고 있는가?
- 말하지 않고 혼자 생각하는 시간을 먼저 갖도록 한다.
- 리더는 이 시간 주제가 대학생으로서 술·담배를 어떻게 인식하고 있는지 서로의 생각을 들어보는 시간이며, 이 활동이 금지나 정답을 제시하기 위한 시간이 아니라는 것을 안내한다.

② 술·담배에 대한 생각 나누기

- 리더는 "술이나 담배에 대해 여러분은 어떤 생각을 가지고 있는가?"라는 질문을 제시한다.
- 조원들은 찬반이 아닌 자신의 생각과 이유를 중심으로 자유롭게 이야기하도록 안내한다.
- 경험을 공개하고 싶지 않은 조원은 생각만 간단히 말해도 충분함을 분명히 한다.
- 조원들의 의견이 두 방향 이상으로 나뉠 경우, 리더는 토론 방식으로 진행한다. 이때 리더는 다음과 같은 기본 규칙을 먼저 안내한다.
  - ✓ 상대방의 말을 끊지 않는다.
  - ✓ 설득하거나 평가하지 않는다.
  - ✓ '다를 수 있음'을 전제로 이야기한다.
- 리더는 중재자 역할에 집중하며, 특정 입장을 옹호하거나 결론을 내리지 않는다.

③ 교회에서는 술·담배를 어떻게 바라볼까?

- 리더는 "교회에서는 술·담배를 어떻게 바라본다고 알고 있는가?"라는 질문을 제시한다.

- 교회에 다니는 조원이 있다면, 자발적으로 자신의 경험이나 생각을 나누도록 안내한다.
- 리더는 교회의 입장이 하나로 정리되어 있지 않을 수 있음을 설명하며,신앙의 정도와 개인의 경험에 따라 느끼는 부담이나 생각이 다를 수 있음을 존중한다.
- 기독교에서 말하는 '술 취하지 말라'는 표현의 의미를 이해하는 데 도움이 되는 참고 자료가 있음을 간단히 안내할 수 있다.
  (예: https://www.youtube.com/watch?v=H6cUPhx4aoM)

④ 리더의 정리

- 리더는 술·담배의 문제를 허용과 금지의 문제로 단순화하지 않고, 대학생으로서 자신의 선택과 그에 따른 책임을 함께 생각해 보는 주제임을 정리한다.
- 건강한 대학생활이란, "남의 기준을 따르는 것"이 아니라 "스스로 기준을 세우고 점검해 가는 과정"임을 간단히 덧붙인다.

3. 대학생활 꿀팁 나누기

① 시험 준비와 공부 방법에 대한 꿀팁 나누기

- 리더는 이 활동이 잘하는 방법을 가르치거나 서로를 비교하는 시간이 아니라, 서로의 경험을 통해 대학생활을 조금 더 슬기롭게 살아가는 방법을 나누는 시간임을 안내한다.
- 리더는 "시험 기간에 나에게 가장 도움이 되었던 방법은 무엇이었는가?"라는 질문을 제시한다.
- 조원들은 자신이 실제로 해 보았던 공부 방법이나 시험 준비 방식 중 효과가 있었다고 느낀 것 한 가지를 중심으로 나누도록 한다. (예: 시간 관리 방법, 노트 정리법, 시험 전 루틴, 긴장 완화 방법 등)

- 리더는 모든 방법이 모든 사람에게 동일하게 적용되지 않을 수 있음을 안내하며, '나에게 맞았던 방법'이라는 관점으로 이야기하도록 유도한다.
- 조언이나 평가보다는 경험 공유와 공감에 초점을 둔다.

② 서로의 꿀팁 듣기

- 리더는 조원들이 돌아가며 자신의 꿀팁을 나누도록 진행한다.
- 특정 조원의 이야기가 길어질 경우, 리더는 부드럽게 정리하며 다음 사람에게 순서를 넘긴다.
- 말하기가 부담스러운 조원은 듣기만 해도 충분함을 안내하여 참여에 대한 부담을 낮춘다.

③ 동아리·대학생활 활동 경험 나누기

- 리더는 "대학생활을 하며 참여해 본 동아리나 활동이 있는가?"라는 질문을 제시한다.
- 참여해 본 경험이 있는 조원은 다음 질문을 중심으로 간단히 나누도록 안내한다.
  - ✓ 어떤 활동이었는지
  - ✓ 왜 참여하게 되었는지
  - ✓ 그 활동이 나에게 어떤 도움이 되었는지
- 아직 참여해 본 경험이 없는 조원에게는 "앞으로 해 보고 싶은 활동"이나 "관심 있는 분야"를 나누도록 유도한다.
- 리더는 참여 경험의 유무에 따라 비교나 위축이 발생하지 않도록 분위기를 조절한다.

④ 리더의 정리

- 리더는 대학생활에는 정해진 정답이나 하나의 성공 경로만 존재하지 않음을 정리한다.

- 시험 준비, 공부 방식, 동아리 활동은 각자의 상황과 성향에 따라 다를 수 있음을 강조한다.
- 오늘의 나눔이 서로를 비교하는 시간이 아니라, 다양한 선택과 가능성을 알아보는 시간이었음을 정리하며, 대학생활을 경쟁이 아닌 자기 탐색의 과정으로 바라볼 수 있도록 이끈다.

▣ 알아두면 좋은 Tip

■ 슬기로운 대학생활을 위해 기억하면 좋은 몇 가지

① 대학생활에는 '정답 루트'가 없다

대학생활을 하다 보면 "이렇게 해야 잘하는 대학생활이다", "이건 꼭 해야 한다"는 이야기를 자주 듣게 된다. 그러나 대학생활에는 정해진 하나의 정답 경로가 존재하지 않는다.

누군가는 성적 관리에 집중하고, 누군가는 동아리·대외활동을 통해 성장하며, 또 다른 누군가는 관계와 경험 속에서 자신의 방향을 찾아간다. 중요한 것은 남들의 기준을 그대로 따르는 것이 아니라, 나에게 맞는 속도와 방식으로 대학생활을 설계해 가는 것이다.

② 선택에는 항상 '균형'이 필요하다

대학생활은 자유가 넓어지는 시기인 동시에, 선택에 대한 책임도 함께 커지는 시기이다.

늦은 취침, 음주, 흡연, 여가 활동, 학업 등 모든 선택은 그 자체로 옳고 그름이 나뉘기보다는, 얼마나 균형 있게 조절되고 있는가가 중요하다. 지금의 선택이 나의 몸과 마음, 학업과 관계에 어떤 영향을 주고 있는지를 한 번쯤 돌아보는 태도가 슬기로운 대학생활의 출발점이 된다.

③ 비교보다 '나에게 맞는 기준'을 세우는 것이 중요하다

대학은 다양한 배경과 성향을 가진 사람들이 모이는 공간이다. 그만큼 자연스럽게 비교가 일어나지만, 비교는 때로 불필요한 불안과 조급함을 만들기도 한다.

다른 사람의 방식이 좋아 보일 수는 있지만, 그것이 반드시 나에게도 맞는 방식은 아닐 수 있다. 대학생활에서는 "저 사람은 왜 저럴까?"라는 질문보다, "나는 어떤 기준으로 살고 싶은가?"를 스스로에게 묻는 연습이 중요하다.

④ 도움을 요청하는 것도 중요한 능력이다

대학생활에서 힘들 때 혼자 버티려고만 할 필요는 없다. 친구, 선배, 교수, 소그룹 리더, 상담센터 등 대학 안에는 도움을 받을 수 있는 다양한 자원이 존재한다.

도움을 요청하는 것은 약함의 표시가 아니라, 자신의 상태를 인식하고 돌볼 줄 아는 성숙한 선택이다. 필요할 때 질문하고, 나누고, 도움을 받는 경험 역시 대학생활의 중요한 배움 중 하나이다.

⑤ 대학생활은 '경쟁'이 아니라 '자기 탐색의 시간'이다

대학은 단순히 결과를 만들어내는 공간이 아니라, 자신의 관심과 가치, 한계와 가능성을 알아가는 과정의 공간이다.

잘하고 못하고를 빠르게 판단하기보다, 시행착오를 겪으며 나를 알아가는 시간이 될 수 있다면, 그 자체로 충분히 의미 있는 대학생활이라 할 수 있다.

⑥ 신앙은 대학생활의 '기준점'이 되어 준다

기독교 신앙은 대학생활의 모든 선택에 즉각적인 정답을 주기보다는, 어떤 기준으로 선택할 것인가를 점검하게 하는 기준점이 되어 준다. 성적, 관계, 생활 습관, 진로와 같은 다양한 선택의 순간마다 신앙은 "이 선택이 나와 타인에게 어떤 영향을 미치는가", "하나님 앞에서 부끄럽지 않은 선택인가"를 스스로 묻게 한다.

신앙의 관점에서 슬기로운 대학생활이란 완벽한 모습이 아니라, 매 순간 자신의 삶을 돌아보고 방향을 조정해 가는 태도에 가깝다. 넘어질 수도 있고 흔들릴 수도 있지만, 그 과정 속에서도 하나님 앞에서 정직하게 살아가고자 노력하는 시간이 바로 대학생활이 될 수 있다. 이러한 태도는 대학을 넘어 이후의 삶에서도 중요한 삶의 기준으로 이어진다.

5주차 슬기로운 사회생활

주제	사회 속 관계와 역할을 이해하는 시간

▣ 목표

1. 대학생이 이미 다양한 사회적 관계 속에서 살아가고 있음을 인식한다.
2. 사회 속에서 맡게 되는 역할과 위치에 따라 달라지는 책임과 태도를 이해한다.
3. 위계와 권한이 존재하는 관계에서 존중과 소통의 중요성을 생각해 본다.
4. 갈등 상황에서 자신의 반응과 선택을 돌아보고, 보다 슬기로운 대처 방식을 모색한다.
5. 사회 속 다양한 관계 안에서 그리스도인으로서 지녀야 할 태도와 가치에 대해 생각해 본다.

▣ 활동 내용

단계	내 용	시간
들어가기	■ 조원들 인사 ■ 오늘 활동 목표 및 내용 소개	5분
나누기	■ 사회 속에서 살아가는 나의 모습 떠올리기 ■ 사회적 관계 속에서 경험한 역할과 위치 나누기 · 사회적 관계에는 위계와 권한이 존재함을 이해하기 ■ 갈등 상황에서의 선택과 태도 돌아보기	40분
나오기	■ 소감 나누기 ■ 다음 주 활동 예고 ■ 기도	5분

▣ 진행 가이드

1. 사회 속에서 살아가는 나의 모습

- 리더는 "우리는 아직 학생이지만, 이미 여러 사회적 관계 속에서 살아가고 있다"는 점을 간단히 짚어준다.
- 리더는 다음 질문을 제시한다.
  ✓ "요즘 여러분은 어떤 역할을 하며 하루를 보내고 있는가?"
  ✓ "학생 외에도 내가 맡고 있는 역할에는 무엇이 있을까?"
- 조원들은 떠오르는 역할이나 상황을 한두 가지 떠올려 나눈다.
  (예: 알바생, 사회 모임 부원, 가족 안에서의 역할 등)
- 리더는 크고 특별한 사회 경험이 아니어도 충분함을 안내하며, 일상 속에서 맡고 있는 역할 역시 사회생활의 중요한 일부임을 강조한다.
- 나눔이 마무리되면, 리더는 "대학생도 이미 사회의 한 구성원으로 살아가고 있다"는 점을 간단히 정리해준다.

2. 사회적 관계 속에서 경험한 역할과 위치 나누기

- 리더는 "같은 사회적 관계 안에서도, 각자가 맡은 역할과 위치는 서로 다를 수 있다"는 점을 먼저 짚어준다.
- 리더는 1번 활동에서 조원들의 이야기 속에서 공통된 역할이 나타날 경우, 그 역할을 중심으로 경험을 확장하도록 안내한다. 예를 들어, 공통된 역할이 '아르바이트'라면 다음과 같이 질문할 수 있다.
  - ✓ "아르바이트를 하면서 가장 많이 느꼈던 감정은 무엇이었는가?"
  - ✓ "기억에 남는 상황이나 순간이 있었는가?"
- 리더는 이어서 다음 질문을 제시한다.
  - ✓ "그 관계 안에서 나는 어떤 역할과 위치에 있었는가?"
  - ✓ "나는 주로 지시를 받는 입장이었는가, 책임을 맡는 입장이었는가?"
  - ✓ "내가 할 수 있었던 선택과, 할 수 없었던 선택에는 어떤 차이가 있었는가?"
- 조원들은 앞에서 떠올린 관계를 기준으로, 자신의 역할과 위치에 초점을 맞추어 나눈다.
- 리더는 위계가 비교적 분명한 관계가 언급될 경우, 다음과 같이 질문을 덧붙일 수 있다.
  - ✓ "그 역할 때문에 조심해야 했던 말이나 행동이 있었는가?"
  - ✓ "내 위치가 달라졌다면, 그 상황을 다르게 선택했을 것 같은가?"
- 리더는 각자의 경험을 비교하거나 평가하지 않으며, 역할과 위치에 따라 느끼는 감정과 선택이 달라질 수 있음을 자연스럽게 연결한다.
- 나눔이 마무리되면, 리더는 다음과 같이 정리한다.
  - ✓ "사회적 관계 안에는 역할과 위치뿐 아니라, 자연스럽게 위계와 권한의 차이가 존재한다."
  - ✓ "같은 관계 안에 있어도, 우리가 서 있는 위치에 따라 경험은 달라진다."
  - ✓ "사회생활은 무엇을 경험했는가보다, 그 경험 속에서 어떤 역할로 서 있었는가를 돌아보는 것이 중요하다."

3. 갈등 상황에서의 선택과 태도 돌아보기

- 리더는 사회적 관계 안에서 갈등이 자연스럽게 발생할 수 있음을 짚으며 활동을 시작한다.
- 리더는 갈등을 '피해야 할 문제'라기보다, 개인의 태도와 선택이 드러나는 순간으로 바라보도록 안내한다.
- 리더는 다음 질문을 제시한다.
  - ✓ "사회적 관계 속에서 불편함이나 갈등을 느꼈던 경험이 있었는가?"
  - ✓ "그 상황에서 나는 어떤 선택을 했는가?"
    (예: 참고 넘어갔다, 표현했다, 거리를 두었다, 도움을 요청했다 등)
  - ✓ "그 선택에 대해 지금 돌아보면 어떤 생각이 드는가?"
- 조원들이 구체적인 인물이나 사건의 옳고 그름을 판단하기보다, 그 상황에서 자신이 보였던 반응과 태도에 초점을 두고 나누도록 안내한다.
- 리더는 나눔이 과도한 자기노출로 흐르지 않도록 조절하며, 말하고 싶은 만큼만 나누어도 충분함을 분명히 한다.
- 리더는 이어서 다음과 같은 질문으로 생각을 확장할 수 있다.
  - ✓ "그때 다른 선택을 할 수 있었다면, 어떤 선택이었을까?"
  - ✓ "갈등 상황에서 나에게 가장 어려운 점은 무엇인가?"
  - ✓ "내가 중요하게 지키고 싶었던 가치는 무엇이었는가?"
- 리더는 갈등을 잘 해결했는지 여부보다, 갈등 속에서 자신의 선택을 돌아보는 과정 자체가 중요함을 강조한다.
- 나눔이 마무리되면, 리더는 다음과 같이 정리한다.
  - ✓ "사회생활에서 갈등은 피할 수 없는 경험이다."
  - ✓ "슬기로운 사회생활이란 갈등이 없음을 의미하는 것이 아니라, 그 상황에서 어떤 태도로 반응할지를 고민하는 데서 시작된다."
  - ✓ "갈등의 순간은 나의 기준과 태도를 점검할 수 있는 기회가 될 수 있다."

▣ 알아두면 좋은 Tip

■ 슬기로운 사회생활을 위해 기억하면 좋은 몇 가지

① 사회생활은 어느 날 갑자기 시작되지 않는다

많은 학생들이 "사회생활은 취업하고 나서 시작되는 것"이라고 생각하지만, 실제로는 이미 대학생활 속에서 사회생활은 시작되고 있다. 아르바이트, 팀 프로젝트, 동아리, 봉사활동, 실습 등은 모두 역할과 책임, 관계의 규칙이 존재하는 작은 사회이다. 지금 겪고 있는 경험 하나하나가 이후의 사회생활을 준비하는 과정임을 인식하는 것이 중요하다.

② 관계에는 언제나 '역할'과 '기대'가 함께 존재한다

사회적 관계에서는 단순히 사람과 사람이 만나는 것이 아니라, 각자가 맡은 역할과 그에 따른 기대가 함께 작동한다. 같은 공간에 있어도 누군가는 책임을 맡고, 누군가는 지시를 받으며, 누군가는 조율하는 위치에 서게 된다. 슬기로운 사회생활은 이 역할의 차이를 부정하기보다, 지금 내가 서 있는 위치가 무엇인지 인식하는 데서 시작된다.

③ 위계가 있는 관계일수록 태도가 더 중요해진다

사회 속 관계에는 위계와 권한의 차이가 존재하는 경우가 많다. 이때 중요한 것은 '누가 더 위에 있는가'가 아니라, 그 관계 속에서 어떤 태도로 말하고 행동하는가이다. 권한이 있는 위치에서는 말 한마디, 표정 하나가 상대에게 큰 영향을 줄 수 있고, 권한이 적은 위치에서는 자신의 감정과 선택을 어떻게 조절할지가 중요해진다. 슬기로운 사회생활은 힘의 크기보다 태도의 방향을 돌아보는 데서 시작된다.

④ 갈등은 피해야 할 문제가 아니라, 배우는 기회가 될 수 있다

사회생활 속에서 갈등은 자연스럽게 발생한다. 의견 차이, 역할 부담, 오해, 감정의 충돌은 어느 관계에서나 나타난다. 중요한 것은 갈등이 생겼을 때 이를 무조건 참거나, 감정적으로 대응하는 것이 아니라 '나는 어떤 방식으로 반응하고 있는가'를 돌아보는 것이다. 갈등 속에서의 선택은 나의 관계 방식과 가치관을 드러내는 중요한 단서가 된다.

⑤ 사회생활의 핵심은 '잘 보이는 것'이 아니라 '지속 가능한 태도'이다

사회생활을 하다 보면 인정받고 싶고, 잘하고 싶다는 마음이 앞설 수 있다. 그러나 순간적으로 잘 보이는 선택보다, 오래 유지할 수 있는 태도와 관계 방식이 더 중요하다. 무리한 순응이나 과도한 경쟁은 결국 자신을 소진시키기 쉽다. 슬기로운 사회생활이란, 타인과의 관계 속에서도 자신의 기준과 존엄을 지키며 균형을 찾아가는 과정이라 할 수 있다.

⑥ 신앙은 사회생활의 '태도 기준'을 제시해 준다

성경은 사회 속 관계를 단순히 권력이나 위치의 문제로만 보지 않는다. 골로새서 4:1 과 에베소서 6:5 에서는 사회적 관계 속에서 각자가 서 있는 위치에 따라 어떤 태도로 살아가야 하는지를 함께 제시한다.

골로새서에서는 권한을 가진 사람에게 공정함과 존중의 태도를 요구하며, 상대 역시 하나님 앞에 동등한 존재임을 기억하도록 한다. 이는 사회 속에서 책임을 맡거나 영향력을 가지게 되었을 때, 자신의 말과 행동이 타인에게 어떤 영향을 미치는지를 돌아보게 한다.

에베소서에서는 역할을 맡아 일하는 사람에게 성실함과 책임 있는 태도를 권면한다. 이는 무조건 참거나 침묵하라는 뜻이 아니라, 자신이 맡은 자리에서 스스로의 태도에 책임을 지는 삶의 자세를 의미한다.

신앙의 관점에서 슬기로운 사회생활이란 '갑'과 '을' 중 어느 쪽에 서 있는가보다, 각자의 위치에서 어떤 태도로 관계에 임하고 있는가를 돌아보는 것이다. 이러한 기준은 대학생활 속 작은 사회 경험부터 앞으로 마주하게 될 더 넓은 사회 속에서도 자신을 지키며 타인을 존중하는 기준점이 되어 줄 수 있다.

6주차 성경은 무엇인가

주제	성경은 무엇인지 함께 살펴보는 시간

▣ 목표

1. 성경에 대해 각자가 가지고 있는 생각과 경험을 나눈다.
2. 성경이 오랫동안 읽혀 온 이유와 그 영향력을 알아본다.
3. 성경이 어떻게 기록되고 구성된 책인지 알아본다.
4. 성경이 전하고자 하는 핵심적인 목적이 무엇인지 살펴본다.

▣ 활동 내용

단계	내 용	시간
들어가기	■ 조원들 인사 ■ 오늘 활동 목표 및 내용 소개	5분
나누기	■ 마음열기 · 내가 추천하는 책 나누기 ■ 성경에 대해 알아가기 · 성경은 어떤 책인가? · 성경의 영향력 · 성경의 기록과 구성 · 성경의 목적	40분
나오기	■ 소감 나누기 ■ 다음 주 활동 예고 ■ 기도	5분

▣ 진행 가이드

1. 마음 열기 – 내가 추천하는 책 나누기

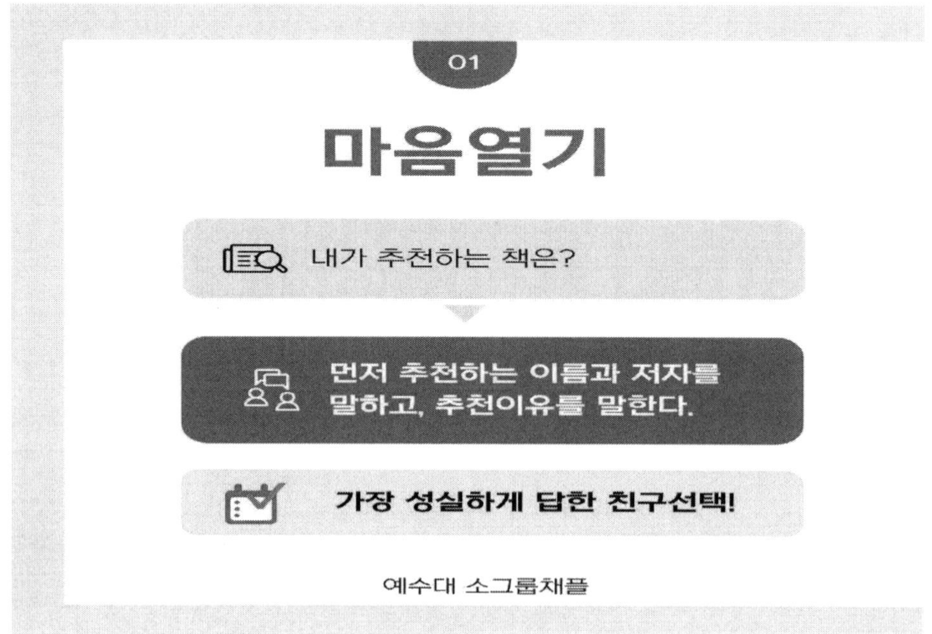

- 리더는 성경 이야기에 앞서, '책'에 대한 개인적 경험을 가볍게 나누는 시간을 가진다.
- 리더는 "요즘 읽고 있는 책이나, 지금까지 읽은 책 중 가장 인상 깊었던 책이 있는가?"라는 질문을 제시한다.
- 조원들은 추천하고 싶은 책 한 권을 떠올려, 책 제목과 저자를 말하고 간단한 이유를 덧붙여 나눈다.
- 책을 자주 읽지 않는 조원에게는 "최근 인상 깊게 본 글, 웹툰, 콘텐츠"를 대신 나누어도 괜찮음을 안내한다.
- 리더는 책의 수준이나 내용에 대해 평가하지 않으며, 각자의 취향과 경험이 다를 수 있음을 존중하는 분위기를 유지한다.

2. 성경에 대해 알아가기

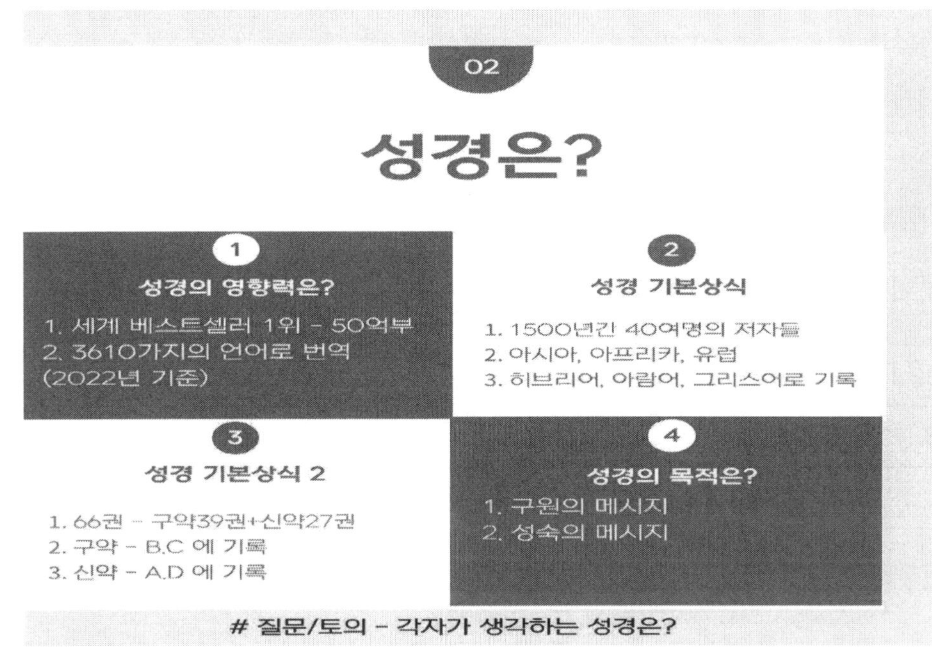

① 성경의 영향력

- 리더는 다음 질문으로 활동을 시작한다.
  ✓ "전 세계에서 가장 많이 읽힌 책이 무엇일 것 같나요?"
- 조원들의 자유로운 추측을 몇 가지 듣는다. (정답을 바로 말하지 않아도 괜찮다.)
- 리더는 성경이 세계 베스트셀러 1 위임을 안내한다.
  ✓ 참고: 2 위-모택동 어록(8 억), 3 위-반지의 제왕(1.5 억)
- 이어서 리더는 성경에 대한 기본 정보를 덧붙인다.
  ✓ 성경은 1455 년 구텐베르크가 최초의 성경을 인쇄한 이후 현재까지 3,610 가지의 언어로 번역됨
  ✓ 전 세계 인구의 약 80% 이상이 한 번 이상 접해 본 책
- 리더는 다음 질문으로 연결한다.
  ✓ "이렇게 오랫동안, 많은 사람들이 읽어 온 이유는 무엇일까요?"

- 조원들은 떠오르는 생각을 자유롭게 나눈다. (종교적 이유, 역사적 이유, 문화적 이유 등 어떤 답도 가능함을 열어 둔다.)
- 리더는 성경이 단순히 교회 안에서만 읽힌 책이 아니라, 역사·문화·가치관에 영향을 준 영향력 있는 책임을 정리한다.

② 성경 기본 상식

- 리더는 "이렇게 영향력 있는 책이라면, 누가 썼는지도 궁금하지 않나요?" 라고 말하며 다음 단계로 넘어간다.
- 리더는 성경의 기록 방식에 대해 설명한다.
  - ✓ 성경은 약 1,500 년에 걸쳐 기록됨
  - ✓ 40 여 명 이상의 저자가 참여함
  - ✓ 저자들의 직업과 배경이 매우 다양함
- 리더는 조원들에게 "성경의 저자 중에서 들어본 인물이 있나요?라고 질문한다.
  - ✓ 모세(지도자), 아모스(목동), 솔로몬(왕), 누가(의사), 마태(세관원), 베드로(어부) 등
- 리더는 성경은 아시아, 아프리카, 유럽 지방에서 쓰였고, 주로 히브리어, 그리스어로 기록되었으며, 아람어가 포함되어 있음을 설명한다.

- 리더는 성경의 전체 구성을 간단히 설명한다.
  - ✓ 성경은 총 66 권으로 이루어짐(구약 39 권, 신약 27 권)
  - ✓ 구약: B.C (Before Christ) 에 기록, 율법서(창세기, 출애굽기, 레위기, 민수기, 신명기), 역사서(여호수아 - 에스더), 시가서(욥기-아가), 예언서(이사야 - 말라기)
  - ✓ 신약: A.D(Anno Domini)에 기록, 복음서(마태, 마가, 누가, 요한), 역사서(사도행전), 서신서(로마서 - 요한삼서), 예언서(요한계시록)
  - ✓ 리더는 성경이 한 권의 책처럼 보이지만, 실제로는 여러 종류의 글이 모인 책임을 짚어준다.

③ **성경의 목적**

- 리더는 "그렇다면, 성경은 왜 이렇게 오랜 시간 동안 기록되고 읽혀 왔을까요?"라는 질문을 던진다.
- 리더는 성경의 목적을 두 가지로 정리한다.
  - ✓ 구원의 메시지: 성경은 하나님이 인간을 어떻게 바라보시는지, 인간이 어떤 존재인지에 대해 이야기하는 책임을 설명한다.
  - ✓ 성숙의 메시지: 성경은 사람이 어떻게 살아가면 좋은지, 삶의 방향과 태도에 대해 고민하게 하는 책임을 안내한다.

④ **성경 Q&A**

- 리더는 성경에 대해 궁금한 점이나 느낀 점이 있다면 자유롭게 질문하거나 나누도록 안내한다.
- 신앙 여부와 관계없이 질문해도 괜찮음을 강조하며, 열린 분위기 속에서 활동을 마무리한다.

▣ 알아두면 좋은 Tip

■ 위대한 인물들이 말한 성경

성경은 신앙의 영역을 넘어, 역사 속 많은 인물들에게 깊은 영향을 주었다.

- 아이작 뉴턴(Isaac Newton, 1643-1727) 영국의 물리학자, 수학자
  - ✓ "이 세상에서 아무리 심오한 역사를 보아도, 성경에 나오는 기록만큼 정확성을 가진 기록은 없다."

- 아브라함 링컨(Abraham Lincoln, 1809-1865) 미국의 제 16 대 대통령
  - ✓ "이 책이 없었다면 우리는 옳고 그름을 분별할 수 없었을 것이다."

- 벤자민 프랭클린(Benjamin Franklin, 1706-1790) 미국 건국의 아버지, 100 달러 지폐 인물
  - ✓ "젊은이여, 내가 여러분에게 주고 싶은 권고는 성경에 익숙하여 확고한 믿음을 가지라는 것입니다."

- 도산 안창호(1878-1938) 대한제국 교육개혁운동가, 일제강점기의 독립운동가
  - ✓ "우리 2천만 동포가 모두 신약전서를 한 권씩을 가지는 날에는 우리에게 희망이 있다."

- 이처럼 성경은 개인의 신앙을 넘어, 삶의 기준과 가치, 사회와 역사에 영향을 준 책으로 읽혀 왔다.

7주차 교회란 무엇인가

주제	교회에 대해 함께 생각해 보는 시간

▣ 목표

1. 교회에 대해 가지고 있는 이미지와 경험을 나눈다.
2. 교회가 단순한 건물이나 제도를 넘어 어떤 의미를 지니는지 알아본다.
3. 교회가 사람들의 삶과 공동체 안에서 어떤 역할을 해 왔는지 살펴본다.
4. 대학생의 삶 속에서 교회를 어떻게 이해할 수 있을지 생각해 본다.

▣ 활동 내용

단계	내 용	시간
들어가기	■ 조원들 인사 ■ 오늘 활동 목표 및 내용 소개	5분
나누기	■ 마음열기 활동 · 교회에 대한 이미지 나누기 · 교회 이미지 Best vs Worst ■ 교회에 대해 알아가기 · 교회는 건물이 아니다 · 교회는 사람이다	40분
나오기	■ 소감 나누기 ■ 다음 주 활동 예고 ■ 기도	5분

▣ 진행 가이드

1. 마음열기-교회에 대한 이미지 나누기

- 리더는 교회에 대해 정답을 말하는 시간이 아니라, 각자의 이미지를 나누는 시간임을 먼저 안내한다.
- 리더는 다음 질문을 제시한다.
  - ✓ "교회 하면 떠오르는 이미지에는 어떤 것들이 있는가?"
  - ✓ "우리 지역에서 가장 큰 교회는 어디라고 알고 있는가?"
  - ✓ "우리 지역에서 가장 작은 교회는 어디라고 알고 있는가?"
- 이어서 교회 이미지 Best vs Worst 활동을 진행한다.
  - ✓ 교회의 좋은 점이라고 생각되는 이미지
  - ✓ 교회의 좋지 않게 느껴지는 점이나 거리감이 느껴지는 이미지
- 조원들은 한 가지씩만 간단히 나누도록 안내한다.
- 리더는 긍정·부정적 이미지 모두를 존중하며, 평가하거나 반박하지 않고, 교회에 대한 이미지는 사람마다 다를 수 있다는 점을 간단히 정리한다.

2. 교회에 대해 알아가기

① 교회는 건물이 아니다.

- 리더는 교회를 떠올릴 때 먼저 생각나는 것이 '건물'임을 짚어준다.
- 리더는 두 가지 사례를 제시한다.

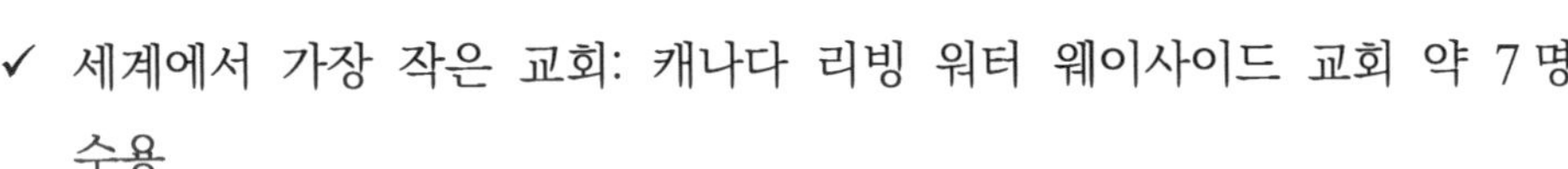

  ✓ 세계에서 가장 작은 교회: 캐나다 리빙 워터 웨이사이드 교회 약 7 명 수용

  ✓ 한국의 대형 교회: 새문안교회, 약 2,300 명 수용

- 리더는 다음 질문을 던진다.
  ✓ "교회의 크기나 건물이 교회의 본질을 결정할까?"
  ✓ "과연 교회는 건물일까?"
- 조원들은 의견을 나눈다.

② 교회는 사람이다.

- 리더는 교회는 하나님 안에서 형제, 자매임을 안내한다. 가족안에서 우리가 아무리 싫어도 '아저씨'가 아닌 '형, 오빠'라고 부르듯이 교회는 하나님의 가족으로 형제, 자매가 된다.
- 교회의 머리는 무조건 예수님이다. 교회의 머리가 '목사'나 '장로'가 되는 순간 교회는 건강해질 수 없다는 것을 강조하면서 설명한다.

▣ 알아두면 좋은 Tip

■ 교회에 대한 오해와 실제

대학생들이 교회를 떠올릴 때, 실제 경험보다는 이미지나 이야기로 형성된 인식이 먼저 떠오르는 경우가 많다. 아래 내용은 교회를 둘러싼 대표적인 오해와, 그에 대한 실제 모습을 함께 살펴보기 위한 정리이다.

① 오해: 교회는 완벽한 사람들만 모이는 곳이다

⇒ 실제: 교회는 완벽한 사람이 아니라, 부족함을 가진 사람들이 모이는 공동체이다.

교회에 다니는 사람들은 흔히 도덕적으로 더 나아야 할 것이라는 기대를 받는다. 그러나 성경이 말하는 교회는 '이미 완성된 사람들의 모임'이 아니라, 함께 배우고 성장해 가는 사람들의 공동체이다. 그래서 교회 안에도 갈등, 실수, 연약함이 존재한다. 중요한 것은 완벽함이 아니라, 서로를 대하는 태도와 방향성이다.

② 오해: 교회는 건물이다

⇒ 실제: 교회는 건물이 아니라, 사람들의 공동체이다.

교회라는 단어를 들으면 가장 먼저 떠오르는 것은 예배당이나 큰 건물일 수 있다. 그러나 성경에서 말하는 교회는 특정 장소나 규모를 의미하지 않는다. 적은 수의 사람들이 모여도, 함께 예배하고 서로를 돌보는 공동체라면 그것이 교회가 된다. 건물은 필요할 수 있지만, 교회의 본질은 사람이다.

③ 오해: 교회는 목사나 리더 중심으로 움직이는 조직이다
⇒ 실제: 교회의 중심은 사람이 아니라, 예수 그리스도이다.

교회에는 다양한 직분과 역할이 존재하지만, 성경은 교회의 머리를 사람에게 두지 않는다. 교회의 중심이 특정 인물이나 권위에 지나치게 집중될 때, 공동체는 건강함을 잃기 쉽다. 교회는 누군가를 숭배하거나 따르는 조직이 아니라, 각자가 같은 방향을 바라보며 함께 책임을 나누는 공동체이다.

④ 오해: 교회는 나와 상관없는 특별한 사람들의 공간이다
⇒ 실제: 교회는 삶의 자리에서 살아가는 사람들이 모이는 공간이다.

교회에 다니는 사람들도 학생이고, 직장인이고, 가족의 일원이며, 사회 속에서 다양한 역할을 살아가는 사람들이다. 교회는 일상과 분리된 또 다른 세계가 아니라, 삶의 이야기를 가지고 모이는 자리에 가깝다. 그래서 교회 안의 모습이 완벽하지 않을 수 있고, 그만큼 현실적이기도 하다.

⑤ 오해: 교회는 무조건 강요하고 판단하는 곳이다
⇒ 실제: 교회는 질문하고 고민할 수 있는 공간이 되어야 한다.

모든 교회가 항상 그렇게 운영되는 것은 아니지만, 성경이 말하는 교회는 질문을 막는 공간이 아니라, 함께 고민하고 배우는 공동체에 가깝다. 믿음의 정도, 생각의 깊이는 사람마다 다를 수 있으며, 강요보다는 대화와 이해가 중요하다는 점이 강조된다.

교회에 대한 오해는 종종 일부 경험이나 이미지를 통해 만들어진다. 그러나 교회의 본래 모습은 완벽함보다 함께 성장하는 공동체, 건물보다 사람, 권위보다 관계에 더 가깝다.

오늘의 나눔은 교회를 판단하거나 결론짓기 위한 시간이 아니라, 교회가 어떤 의미를 지닌 공동체인지 한 번 더 생각해 보는 출발점이 될 수 있다.

2. 2학기 소그룹 채플 활동

2 학기 소그룹 채플 활동

주차	내 용
1	너의 생각을 들려줘 - 새 학기 첫 만남: 근황 나누기
2	할래, 말래 - 인간관계훈련
3	마음을 말해요 - 솔직한 이야기 나누기
4	우리들의 고민상담소 - 마음을 나누는 시간: 우리들의 고민
5	Why Jesus - 예수님은 누구실까? 나에게 예수님은 어떤 의미인가?
6	우리들의 직업관 - 나의 직업, 나의 자리 (소명과 청지기)
7	나는 왜 살까 - 삶의 의미 생각해보기: 행복, 나눔, 그리고 나의 자리

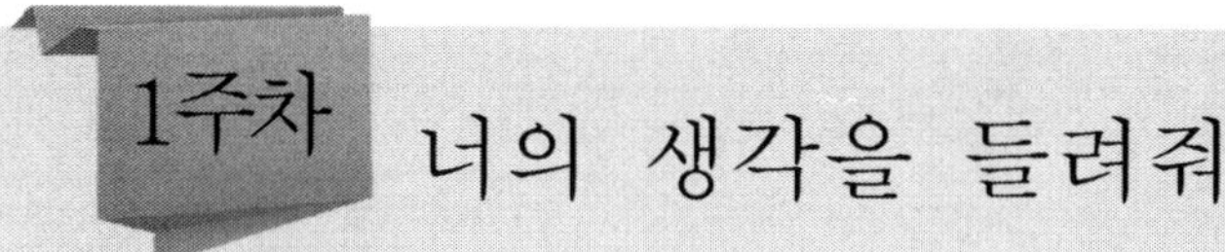

1주차 너의 생각을 들려줘

주제	새 학기 첫 만남: 근황 나누기

▣ 목표

1. 방학 동안 각자에게 의미 있었던 일을 나누며 서로의 시간을 공유한다.
2. 요즘의 일상과 현재 상태를 편안하게 이야기하며 조원 간 대화를 이어간다.
3. 이번 학기에 해보고 싶은 일이나 계획을 나누며 학기의 시작을 함께 맞이한다.

▣ 활동 내용

단계	내 용	시간
들어가기	■ 오리엔테이션 - 소그룹 채플 목적, 진행 방식 안내	5분
나누기	■ 방학 때 가장 좋았던 일 나누기 · 방학 동안 가장 좋았거나 기억에 남는 순간을 한 가지씩 나누기 ■ 요즘 나의 일상 이야기 · 요즘의 나를 떠올리며 키워드 1~2개로 근황 나누기 ■ 이번 학기 나의 계획	40분
나오기	■ 소감 나누기 ■ 다음 주 예고 ■ 기도	5분

▣ 진행 가이드

1. 방학 때 가장 좋았던 일 나누기

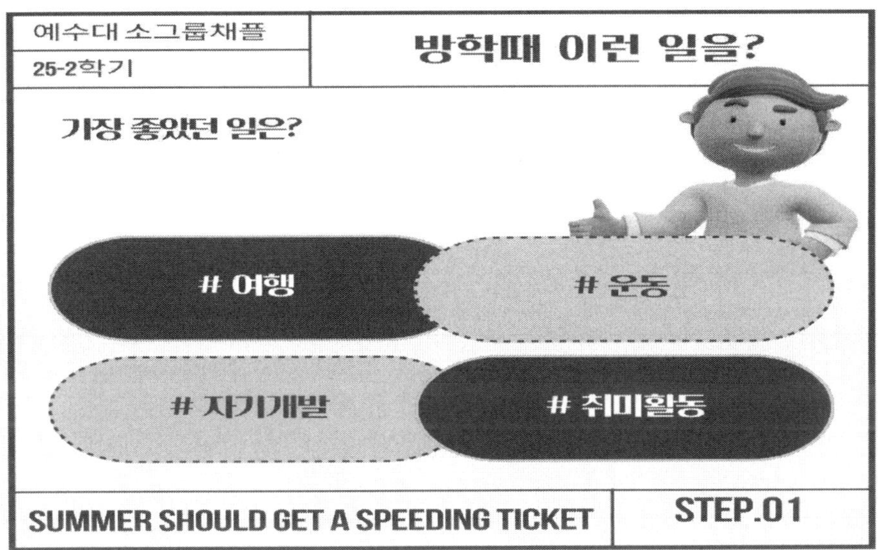

- 분위기를 부드럽게 열며 방학 때 이야기를 나누도록 한다.
  ✓ “방학 동안 가장 좋았던 일 하나를 떠올려주세요.”
- 예시를 주면 학생들의 부담이 줄어든다.
  예: 여행, 운동, 휴식, 알바, 가족과 시간, 자기개발 등
- 돌아가며 10~20초 정도로 짧게 말하도록 안내한다.

2. 요즘 나의 일상 이야기

- 포스트잇 또는 머릿속으로 요즘 나를 나타내는 키워드 1~2개 생각하도록 이야기한다.
  ✓ “길게 말하지 않아도 돼요, 단어만 말해도 괜찮아요.”
- 긴장을 완화시키며 돌아가며 근황을 자연스럽게 나누도록 유도한다.

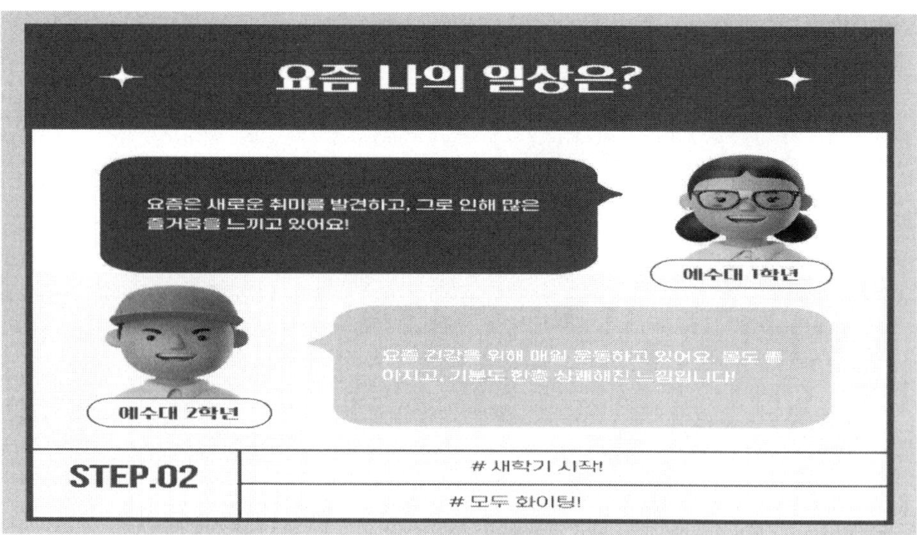

3. 이번 학기 나의 계획

- "이번 학기에 해보고 싶은 목표가 무엇인가요?" 질문을 던진다.
- 학업/관계/취미/건강 등 어떠한 계획도 가능하다고 안내한다.
- 너무 진지할 필요 없다는 점을 강조하면 부담이 줄어들 수 있다.

▣ 알아두면 좋은 Tip

새 학기 첫 소그룹 채플은 새로운 관계를 만드는 시간이기보다, 방학 이후 잠시 느슨해진 관계를 다시 연결하는 시간이다. 이미 서로의 이름과 얼굴을 알고 있지만, 각자의 방학 경험과 생활 리듬이 달라지면서 심리적 거리는 자연스럽게 생길 수 있다. 따라서 2학기 1주차의 핵심은 깊은 자기노출이나 의미 있는 결론을 이끌어 내는 것이 아니라, "다시 편해져도 괜찮다"는 공동체적 신호를 주는 것이다. 아래 Tip은 조별 라포를 무리 없이 회복하고, 이후 주차로 자연스럽게 연결하기 위한 가이드이다.

① 리더를 위한 Tip

- 첫 만남은 "정보 공유"보다 "분위기 풀기"가 핵심
  - ✓ 학생들은 처음 말하는 순간 가장 긴장한다.
  - ✓ 리더가 먼저 짧은 근황을 공유하며 시범을 보이면 분위기가 빠르게 안정된다.

- 학생들에게 '길게 말해야 한다'는 부담을 주지 않기
  - ✓ "짧게 말해도 괜찮아요."라고 안내하면 참여 장벽이 크게 낮아진다.
  - ✓ 단어 한 개나 한 문장만으로도 충분하다는 점을 반복해 알려준다.

- 리액션은 균형 있게 유지하기
  - ✓ 특정 조원의 이야기에만 반응하지 않도록 주의한다.
  - ✓ 고개 끄덕이기, 미소, "공감돼요", "고마워요"와 같은 짧은 반응이면 충분하다.

- 자기 이야기는 ‘평가 대상’이 아님을 분명히 하기
  - ✓ 이 시간은 잘 말했는지를 확인하는 자리가 아니다.
  - ✓ 정답이나 비교, 조언이 요구되지 않는 시간이다.
  - ✓ 각자의 이야기는 그 자체로 존중받아야 한다.
  - ✓ 함께 나눴다는 경험 자체가 이 활동의 목적이다.

- 말의 완성도보다 ‘참여했다는 경험’을 중요하게 다루기
  - ✓ 말이 정리되지 않아도 괜찮다.
  - ✓ 중간에 멈추거나 짧게 끝나도 문제가 되지 않는다.
  - ✓ 말하는 방식과 분량은 각자가 선택할 수 있다.
  - ✓ 학생들은 발화 자체로 이미 참여하고 있다.

- 리더의 역할은 정리자가 아니라 분위기 조율자임을 인식하기
  - ✓ 이야기를 정리하거나 결론을 내릴 필요는 없다.
  - ✓ 의미를 해석하거나 방향을 제시하지 않아도 된다.
  - ✓ 공감과 연결이 자연스럽게 이어지는 것이 중요하다.
  - ✓ 1주차는 안전함을 확인하는 시간이다.

② 조원들과 친해지는 방법

- 공통 키워드 찾기
  - ✓ 조원들의 근황 키워드 중 겹치는 단어를 리더가 짚어준다.
  - ✓ "운동 얘기한 사람 많네요", "다들 바빴다는 말이 나왔어요."

    → 공통점 인식만으로도 소속감이 빠르게 형성된다.

- 손들기 반응 게임
  - ✓ "방학 때 여행한 사람?" "운동 시작한 사람?" 같은 질문을 던진다.
  - ✓ 해당되면 손만 들어 반응하도록 한다.

    → 말하지 않아도 참여할 수 있어 부담이 적다.

- 한 문장 응원 릴레이
  - ✓ 한 사람의 '이번 학기 계획'이 끝나면
    옆 사람이 "응원해요", "같이 해봐요" 등 한 문장만 덧붙인다.

    → 짧은 상호작용으로 관계 온도가 올라간다.

- 리더가 이름을 불러주기

  이야기 후 "○○ 이야기 고마워요."처럼 이름을 붙여 마무리한다.

  → 이미 알고 있는 관계라도 '다시 불러주는 경험'은 친밀감을 높인다.

- 웃음 포인트는 가볍게 넘기기
  - ✓ 재미있는 이야기가 나와도 과도하게 확대하지 않는다.
  - ✓ 웃고 공감하되, 분위기가 특정 사람에게 집중되지 않도록 조율한다

2주차 할래, 말래

주제	인간관계훈련

▣ 목표

1. 소그룹 첫 만남에서 놀이 활동을 통해 서로 친해지는 시간을 갖는다.
2. 조원들이 자유롭게 움직이며 이름을 기억하고, 자연스럽게 대화할 수 있는 분위기를 만든다.
3. 공동체의 기본적인 라포 형성과 참여도 향상에 도움이 되도록 구성한다

▣ 활동 내용

단계	내 용	시간
들어가기	■ 활동 안내 · 재미있는 놀이 활동을 통해 서로 친해지는 시간임을 안내 · 적극적인 참여를 위해 마지막에 한 명을 뽑아 상품권 증정	5분
나누기	■ 이름 빙고게임 ■ 밍글게임 · 자체 제작 영상을 참고하여 이동·정지·대화 방식으로 진행함 · 유튜브에서 '밍글게임' 검색 가능 ■ 열차 마피아 (시간이 남을 경우)	40분
나오기	■ 소감 나누기 ■ 마무리 및 안내 ■ 다음 주 예고	5분

▣ 진행 가이드

1. 이름 빙고게임

① 준비 및 자기소개 작성

- 리더는 포스트잇, A4 용지, 펜을 나누어 준다.
- 다음 문장을 안내하며 포스트잇 한 장에 작성하도록 한다.
  - ✓ 제 이름은________입니다.
  - ✓ 나이는________살이고,
  - ✓ 미래에는 ________한 간호사가 되고 싶어요.

  (조원들에게 하고 싶은 말이 있다면 줄 추가 가능)
- 문장은 그대로 읽어도 되고, 짧게 바꾸어 써도 괜찮다고 안내한다.

② 이름 포스트잇 제출

- 리더는 "두 번째 포스트잇에는 이름만 적어 주세요."라고 안내한다.
- 조원들은 이름만 적은 포스트잇을 리더에게 제출한다.
- 리더는 포스트잇을 섞어 소개 순서를 정할 준비를 한다.

③ 빙고판 만들기

- 리더는 A4 용지를 배부하며 "3×3 빙고판을 그려주세요."라고 안내한다.
- "일어나 서로 인사하며 '안녕하세요!'라고 말한 뒤, 이름을 빙고칸에 적어 주세요."라고 설명한다.
- 조원들은 자유롭게 이동하며 빙고판을 채운다.

④ 소개 및 빙고 진행

- 리더는 이름 포스트잇을 한 장 뽑아 소개자를 부른다.
- 호명된 조원은 자리에서 일어나 준비한 자기소개 내용을 읽는다.
- 다른 조원들은 해당 이름을 빙고판에서 찾아 표시한다.
- 리더는 같은 방식으로 다음 소개자를 계속 호명한다.

⑤ 승리자 선정

- 리더는 "먼저 4빙고를 완성한 사람이 승리입니다."라고 안내한다.
- 빙고가 완성되면 손을 들어 알리도록 한다.
- 리더는 승리자를 확인하고 박수와 칭찬으로 분위기를 살린다.

2. 밍글게임

① 진행 안내

- 리더는 자체 제작 영상 또는 유튜브 '밍글게임' 영상을 참고하여 게임의 전체 흐름을 간단히 설명한다.
- 이 게임은 많이 말하는 활동이 아니라, 잠깐씩 움직이고 짧게 대화하는 활동임을 미리 안내한다.
- 틀리거나 잘못해도 문제되지 않으며, 분위기를 풀기 위한 게임임을 강조한다.

② 게임 진행

- (이동) 구호 또는 음악에 맞춰 조원들은 자유롭게 이동하며 섞인다.
- (정지) 리더가 "정지"을 외치면 가까이에 있는 사람과 짝을 이룬다.
- (대화) 짝이 된 조원끼리 아래 제시된 질문 중 하나를 선택해 가볍게 주고받도록 안내한다.
  - ✓ 요즘 가장 많이 하는 일은?
  - ✓ 요즘 가장 감사한 일 한 가지는?
  - ✓ 최근에 웃었던 순간은 언제였는지?
  - ✓ 지금 내 기분을 색으로 표현한다면?
  - ✓ 처음 만난 사람에게 꼭 묻고 싶은 질문은?
- 대화는 20~30초 이내로 짧게 진행하고, 다시 이동-정지를 반복한다.
- 이 활동의 목적은 깊은 대화가 아니라, 여러 사람과 자연스럽게 얼굴을 마주하고 말해보는 경험임을 알게 한다.

3. 열차 마피아(시간이 남으면 진행)

① 준비

- 리더는 의자를 원으로 배치하여 마피아가 움직일 공간을 확보한다.
- 리더는 마피아 1명을 선정한다.

② 진행

- 리더는 "불을 끄고, 눈 감고, 엎드리세요."라고 안내한다.
- 마피아는 조용히 한 명씩 터치하여 밖으로 내보낸다.
- 리더는 마피아가 외친 숫자만큼 사람이 빠졌다고 생각되면 "STOP"을 외치도록 안내한다.

③ 마무리

- "STOP"을 외친 뒤, 실제로 빠진 인원이 마피아가 외친 숫자와 일치하면 남은 조원들이 승리한다.
- 인원이 일치하지 않으면 마피아가 승리한다.
- 게임이 끝나면 조원 투표로 가장 재미있게 참여한 조원 1명을 선정해 선물을 제공한다.

▣ 알아두면 좋은 Tip

2주차 소그룹 채플은 '이야기하기 전 단계'에서 서로의 긴장을 풀고 관계의 온도를 높이는 시간이다. 이 주차의 핵심은 재미있는 게임 그 자체가 아니라, 함께 움직이며 어색함을 내려놓는 경험을 만드는 데 있다. 리더의 역할은 규칙을 완벽히 설명하는 사람이 아니라, 흐름을 부드럽게 연결하고 참여의 문턱을 낮추는 조율자에 가깝다. 아래 Tip은 놀이가 부담이 되지 않고, 관계 형성의 긍정적 기억으로 남도록 돕기 위한 가이드이다.

① 리더를 위한 Tip

- 움직임 중심 활동을 통한 긴장 완화
  - ✓ 이름 빙고, 밍글게임과 같은 이동 기반 활동은 말하기보다 참여 장벽이 낮다.
  - ✓ 리더는 "일어나 볼까요?", "잠깐 자리 바꿔볼게요"처럼 가볍게 동선을 연다.
  - ✓ 몸이 먼저 움직이면 마음의 긴장도 자연스럽게 풀린다.

- 참여 강요보다 '합류 가능성' 열어두기
  - ✓ 적극적이지 않은 학생에게도 "옆에서 같이 보기만 해도 괜찮아요"라고 안내한다.
  - ✓ 참여 방식에 선택지가 있을 때 게임은 부담이 아닌 경험이 된다.
  - ✓ 모든 조원이 같은 방식으로 참여할 필요는 없다.

- 규칙 설명은 짧고 단순하게
  - ✓ 한 번에 모든 규칙을 설명하지 않는다.
  - ✓ "지금은 이것만 하면 됩니다"라는 단계별 안내가 효과적이다.
  - ✓ 이해보다 흐름이 먼저다.

- 반응 중심의 진행
  - ✓ 점수 계산이나 승패보다, 웃음·반응·표정에 더 집중한다.
  - ✓ "잘했어요"보다 "지금 분위기 좋네요", "재밌네요" 같은 말이 더 안전하다.
  - ✓ 게임의 목적은 경쟁이 아니라 연결이다.

- 안전과 공간 점검은 리더의 책임
  - ✓ 열차 마피아 진행 시 의자 간 간격과 이동 동선을 반드시 확인한다.
  - ✓ 어두운 환경에서는 넘어짐 위험이 없는지 먼저 살핀다.
  - ✓ 즐거운 기억은 안전 위에서만 만들어진다.

- 선물은 결과가 아닌 참여를 위한 것
  - ✓ 선물은 승리에 대한 보상이라기보다 참여에 대한 감사의 의미로 사용한다.
  - ✓ "오늘 같이 해줘서 고마워요"라는 말이 선물보다 오래 남는다.
  - ✓ 다음 주 참여를 이어주는 핵심은 리더의 한마디다.

② 성경 속 이야기

■ 함께 있었던 사람들에 대하여

> ***"여자들과 예수의 어머니 마리아와 예수의 아우들로 더불어 마음을 같이하여 오로지 기도에 힘쓰더라."(사도행전 1:14)***

사도행전에는 특별한 사건보다, 사람들이 함께 모여 있었다는 기록이 자주 등장한다.
누가 말을 잘했는지, 누가 앞에 섰는지는 거의 설명되지 않는다.
다만 같은 자리에 머물렀고, 같은 시간을 보냈다는 사실만 반복된다.

예루살렘에 모였던 사람들 역시 서로를 잘 알지 못했다.
성격도 달랐고, 생각도 달랐으며, 믿음의 속도도 같지 않았다.
누군가는 적극적이었고, 누군가는 조용히 그 자리를 지켰다.
그럼에도 공동체는 무너지지 않았다.
서로 다른 상태로 함께 있었기 때문이다.

그들은 처음부터 깊이 나누지 않았다.
자신을 설명하려 애쓰지도 않았고, 관계를 급하게 만들려 하지도 않았다.
같은 공간에 머물며, 웃고 움직이고, 시간을 보냈을 뿐이다.
그 시간이 쌓이면서 말이 이어지고 관계가 만들어졌다.

오늘의 게임 역시 같은 의미를 가진다.
잘 말하는 사람이 되는 시간이 아니라,
같이 웃고, 같이 움직이고, 같은 시간을 보내는 경험을 만드는 시간이다.
말을 많이 하지 않아도 괜찮고, 조용히 참여해도 괜찮다.
함께 있었다는 기억만으로 오늘은 충분하다.

3주차 마음을 말해요

주제	솔직한 이야기 나누기

▣ 목표

1. 안전한 나눔 규칙을 기반으로 조원들이 마음을 편안하게 열 수 있는 환경을 조성한다.
2. 벌새 이야기(영상)를 통해 공동체적 책임감과 '선한 영향력'의 의미를 성찰한다.
3. 토킹스틱과 촛불을 활용한 7가지 질문 토크를 통해 서로의 경험·감정·관점을 깊이 나누도록 돕는다.
4. 서로에 대해서 알아보는 것, 학교에 대한 생각 그리고 공동체를 만들어가는 노력을 알아보도록 한다.

▣ 활동 내용

단계	내 용	시간
들어가기	■ 나눔 규칙 읽기 · 경청, 존중, 비밀유지, 침묵존중 ■ 분위기 형성 · 안전한 공간이며, 편하게 이야기해도 괜찮다는 점을 안내 · 잘하고 못하고를 판단하는 시간이 아니라, 서로의 이야기를 나누는 시간임을 강조	5분
나누기	■ 벌새 이야기 영상 시청 ■ 토크시작(촛불 6개 + 토크스틱 활용)	40분
나오기	■ 소감 나누기 ■ 기도 ■ 마무리 및 다음 주 예고	5분

▣ 진행 가이드

1. 벌새 이야기 영상 시청

① 영상 안내

- 리더는 화면을 준비하거나, 조원들과 함께 핸드폰으로 영상을 본다.
- 가능하다면 강의실 조명을 조금 낮춰 집중하도록 돕는다.

② 영상 링크

youtube [에듀피스] 공동체를 위한 꾸준한 실천 「벌새 이야기」

https://youtu.be/-NqOP3bQVkg?si=P5qP3VuxGK1pgrJy

③ 영상 후 묵상 글

벌새는 불을 끄기에는 너무 작다.
그러나 벌새는 하지 않을 이유를 찾지 않는다.
자신이 할 수 있는 일을 선택할 뿐이다.
공동체 역시 그렇다.
누군가의 큰 행동보다,
여러 사람의 작은 선택이 모여
공동체를 지탱한다.

- 오늘 이 자리에서의 한마디, 혹은 한 번의 경청도 공동체를 살리는 작은 물 한 방울이 될 수 있다.

④ 나눔 포인트

- "불을 껐느냐"보다 공동체를 살리기 위해 무엇을 시도했는가가 핵심이다.
- 예수대학교 공동체 안에서 내가 기여할 수 있는 작은 행동에 대해 생각하도록 유도한다.

2. 토크시작

(시작 전에 촛불 6개를 키고, 토크스틱으로 활용할 도구 한 개 준비)

① 진행 준비

- 제공된 촛불 6개를 모두 켠다.
- 카드뉴스 1개를 중앙에 둔다.

② 리더 안내 문구

- 토크스틱 또는 카드뉴스를 잡은 사람만 말하도록 한다.
- 다른 사람은 고개를 끄덕이거나, 조용히 듣는 역할에 집중하도록 한다.
- 이 시간에는 조언도, 평가도, 정리도 필요하지 않음을 설명한다.
- 말해주는 것 자체가 충분함을 안내한다.

③ 촛불 의미 설명

- 촛불 하나는 한 사람의 마음을 의미한다.
- 여섯 개의 촛불은 이 자리에 있는 우리 모두를 의미한다.
- 촛불이 함께 켜져 있을 때, 공간은 더 따뜻해짐을 안내한다.

④ 7가지 카드뉴스 질문 순서

- 각 질문은 카드(토크주제 #1~#7)를 보여주며 진행한다.

✓ 토크 주제 #1 지금 나의 기분은?

- 감정에는 정답이 없음을 안내한다.
- 있는 그대로 표현하도록 격려한다.
- 예: 기쁨, 슬픔, 소심, 버럭, 까칠 등

✓ 토크 주제 #2 우리 학교에 대해

- 장점과 함께, 개선되었으면 하는 점을 나눈다.

✓ 주제 #3 요즘 나의 삶은 몇 점?

- 10점 만점 기준으로 현재 상태를 떠올린다.
- 점수보다 그 이유에 초점을 둔다.

✓ 토크 주제 #4 고마운 사람은?

- 최근 조원 또는 주변 사람 중 감사한 존재를 떠올린다.
- 말하지 않고 마음속으로만 떠올려도 괜찮다.

✓ 토크 주제 #5 미안한 사람은?

- 자세하게 설명하지 않아도 됨을 미리 안내한다.
- 사과하고 싶은 마음이 있다면 편안히 나눌 수 있도록 돕는다.

✓ 토크 주제 #6 우리 조가 되었으면 하는 모습은?

- 이런 조가 되었으면 좋겠다"는 바람을 이야기한다.

✓ 토크 주제 #7 그런 조가 되기 위한 나의 노력은?

- 개인이 공동체를 위해 실천할 작은 행동을 생각해 보도록 한다.

시작전,
이야기하나 벌새이야기
선한영향력은?
중요한 것은 '불을 껐느냐'가 아닌
공동체를 살리기위해
어떤 노력과 시도를 했느냐 이다.
토크주제
#1 지금 나의 기분은?
기쁨, 슬픔, 소심, 버럭, 까칠 등등
토크주제
#2 우리 학교에 대해
장점과 단점은?
장점
단점
토크주제
#3 요즘 나의 삶은?
10점 만점에 몇점?
31
토크주제
#4 고마운 사람은?
우리 조 안에 고마운 사람은?
고마워
토크주제
#5 미안한 사람은?
누군가에게 '미안해'하고 싶다면?
미안해
토크주제
#6 이런 조가 되길...
우리조가 이런 조가 되길 바란다!
토크주제
#7 나는 이런 노력을
그런 조가 되기 위한 나의 노력은?

▣ 알아두면 좋은 Tip

① 리더를 위한 Tip

3주차 소그룹 채플은 관계 형성의 다음 단계로, "마음을 말해도 괜찮다"는 경험을 축적하는 시간이다. 이 주차의 핵심은 많은 이야기를 이끌어내는 것이 아니라, 말해도 되고 말하지 않아도 되는 상태가 동시에 존중받는 환경을 유지하는 데 있다.

- 심리적 안전감이 가장 중요함
  - ✓ 평가받는 분위기가 되지 않도록 리더의 표정·목소리·반응을 부드럽게 유지한다.
  - ✓ 고개를 끄덕이거나 조용히 듣는 태도만으로도 충분한 지지가 된다.
  - → 리더의 비언어적 태도가 공간의 안전도를 결정한다.

- 침묵은 실패가 아니라 '생각의 시간'
  - ✓ 말을 멈춘 순간, 리더가 급히 개입하지 않는다.
  - ✓ 3~5초의 여유는 감정을 정리하고 말을 이어가게 한다.
  - → 침묵을 견딜 수 있을 때, 나눔은 더 깊어진다.

- 비밀유지 원칙을 반복적으로 상기
  - ✓ "여기서 한 말은 여기서만 머뭅니다."라는 문장을 중간에도 다시 사용한다.
  - ✓ 민감한 이야기가 나올수록 보호받고 있다는 신호가 필요하다.
  - → 비밀유지는 규칙이 아니라 신뢰의 기반이다.

- 카드뉴스로 말하기 균형 유지
  - ✓ 말이 많은 학생은 자연스럽게 속도를 낮추고,
  - ✓ 말이 적은 학생에게도 선택의 기회가 열려 있도록 한다.

- 눈맞춤 · 짧은 리액션만으로도 충분히 지지 가능
  ✓ “음~”, “그럴 수 있겠다”, “고마워요” 같은 중립적 반응이 적절하다.

- 마무리는 반드시 따뜻하게
  ✓ 정서적 활동은 마지막 한 문장이 전체 경험을 결정한다.
  ✓ “용기 내어 나눠줘서 고맙다”는 말로 마무리한다.
  → 정리는 평가가 아니라 감사로 한다.

② 함께 듣고 싶은 음악

BTS[1) 「Answer : Love Myself」는 “지금의 나를 있는 그대로 존중해도 괜찮다”는 메시지를 담은 곡이다. 이 노래는 나 자신에게 유난히 엄격했던 기준을 돌아보게 하고, 나를 바꾸려 하기보다 지금의 나를 어떤 태도로 대하고 있는지 성찰하게 돕는다.
리더는 가사를 자세히 해설하기보다는 “이 노래를 들으면서 요즘의 나를 어떻게 대하고 있는지 떠올려 보자”고 조용히 초대한다.
생각이 떠올라도 말해도 되고 말하지 않아도 된다는 점을 미리 안내한다.
음악이 끝난 뒤, 나누고 싶은 사람이 있다면 스스로 이야기할 수 있도록 충분한 여유를 둔다.

---

1) 방탄소년단, 「Answer : Love Myself」, LOVE YOURSELF 結 ‘Answer’, 빅히트 엔터테인먼트, 2018.

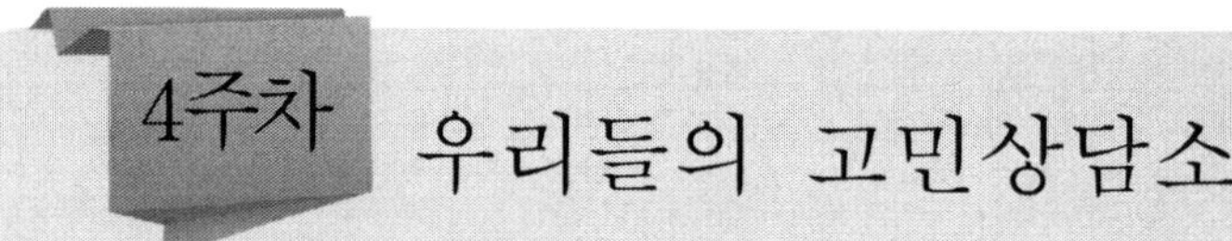

4주차 우리들의 고민상담소

주제	마음을 나누는 시간: 우리들의 고민

▣ 목표

1. 학생들이 최근 자신의 삶과 감정을 점검하고 안전하게 표현할 수 있도록 돕는다.
2. 조원 간 고민을 나누고 서로에게 조언하며 지지적 공동체 경험을 형성한다.
3. 타인의 이야기를 경청하고 존중하는 소그룹 문화(경청·존중·비밀유지)를 강화한다.
4. 심리적 안정감 속에서 긍정적인 관계 형성과 회복 경험을 갖도록 한다.

▣ 활동 내용

단계	내 용	시간
들어가기	■ 활동 안내 · 오늘은 고민을 나누며 서로의 삶을 지지하는 시간을 가짐 · 나눔 규칙(경청·존중·비밀유지·침묵존중·토킹스틱) 안내	5분
나누기	■ 근황토크 · 포스트잇에 요즘 나의 삶을 설명하는 키워드 1~2개 적기 · 키워드를 중심으로 돌아가며 근황 나누기 ■ 우리들의 고민 · 포스트잇에 자신의 고민을 적기 · 한 사람이 고민을 말하면 조원들이 돌아가며 조언 나누기 · 가장 도움이 된 조언(베스트 조언) 1명 선정 및 작은 선물 제공	40분
나오기	■ 소감 나누기 ■ 기도 ■ 마무리 및 다음 주 예고	5분

▣ 진행 가이드

1. 근황토크

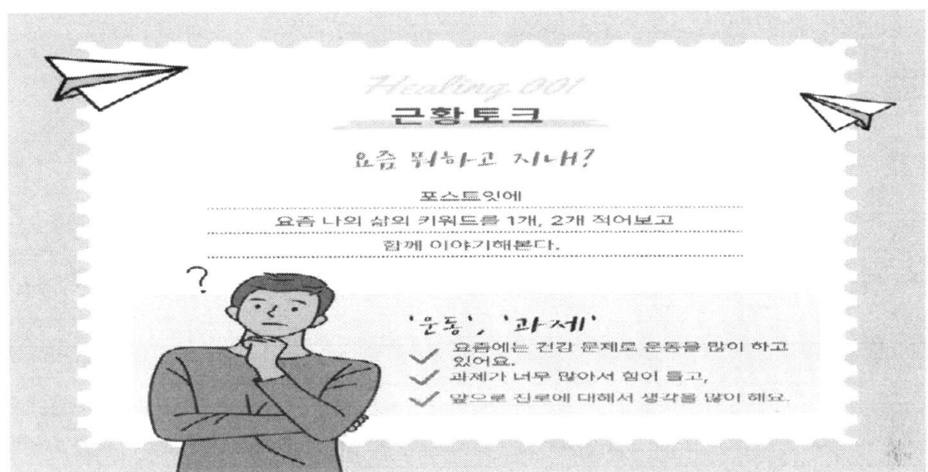

① **진행절차**

- 근황토크는 본격적인 고민 나눔에 앞서 정서적 긴장을 낮추고 말문을 여는 준비 단계이다.
- 이 단계의 목적은 깊은 이야기를 이끌어내는 것이 아니라, 각자가 지금 어떤 상태에 있는지를 가볍게 확인하고 서로의 존재를 인식하는 것에 있다.

② **포스트잇 작성**

- 리더는 다음과 같이 안내한다.
- "요즘 나를 설명하는 키워드 1~2개를 적어주세요.
- 길게 설명하지 않아도 되고, 단어만 적어도 괜찮습니다."
- 키워드는 긍정·부정이 섞여 있어도 무방하다.
- 감정 단어, 상황 단어, 일상 단어 모두 허용한다.
- 적지 못하겠는 학생에게는 "지금 떠오르는 단어 하나만 적어도 괜찮아요." 라고 안내한다.

③ 근황 공유

- 조원들은 적은 키워드를 중심으로 돌아가며 짧게 설명한다.
- 리더는 “길게 말하지 않아도 됩니다.”, “키워드만 말해도 충분합니다.”라는 안내를 반복해 말하기 부담을 낮춘다.
- 설명이 길어질 경우에도 끊지 말고, 자연스럽게 다음 사람에게 흐름을 넘긴다.

④ 분위기 형성

- 리더는 가장 먼저 자신의 근황을 솔직하지만 과하지 않게 공유하여 모델링 역할을 한다.
- 리액션은 고개 끄덕이기, 짧은 공감 표현 정도로 제한한다.
- 이 단계에서는 조언·해석·평가를 하지 않는다.
- “그럴 수 있겠다.”, “요즘 다들 비슷하구나.” 정도의 중립적 반응이 적절하다.

2. 우리들의 고민

① 운영 소개

- 이 단계는 4주차 활동의 핵심으로, 고민의 ‘해결’보다 ‘함께 나눴다’는 경험을 만드는 데 목적이 있다.
- 먼저, 학생들에게 고민이 있을 때 전문적인 상담을 받아도 좋지만 때로는 우리 옆의 학우의 말이 도움이 될 때가 있다라고 설명한다.
- 리더는 처음부터 이 원칙을 분명히 제시해야 한다.

② 고민 작성

- 포스트잇에 자신의 고민을 작성하도록 한다.

- 적고 싶지 않은 학생은 빈 포스트잇을 내도 괜찮다고 안내한다.
- 이 단계에서 이미 참여 여부를 선택할 수 있다는 점이 심리적 안전감을 높인다.

③ 서로의 고민을 나누고 조언해주기

- 리더는 시작 전에 다음 문장을 분명히 한다.
  - ✓ "조언은 정답이 아니라, '내가 비슷한 상황이라면 이렇게 해봤을 것 같다'는 정도로만 나눠주세요."
- 조언은 비난·훈계·평가가 아닌 경험 기반 제안이어야 한다.
- 한 사람이 자신의 고민을 이야기하면, 남은 조원들이 돌아가면서 그에 따른 조언을 해준다.
- 말이 길어질 경우 리더는 "고마워요, 다음 분 이야기 들어볼게요."라고 부드럽게 흐름을 조정한다.

③ 베스트 조언 선정

- 고민을 말한 학생이 가장 도움이 되었다고 느낀 조언 1명을 선택한다.
- 리더는 “모든 조언이 다 의미 있었어요.”라는 말을 먼저 덧붙여 경쟁 느낌을 낮춘다.
- 성실하게 조언을 한 학우에게 조그만한 선물을 증정하도록 한다.
- 선물은 크기보다 격려의 상징으로 이해되도록 설명한다.

④ 고민 상담 마무리

- 서로를 포옹이나 악수로 격려하며 마무리 한다.
- 감정이 격해지거나 눈물이 나는 경우, 리더는 즉각 개입하지 않고 잠시 기다린다.
- 필요 시 다음과 같은 문장을 사용한다.
  ✓ “그럴 수 있어요.” , “고생 많았겠다.”, “여기서는 천천히 말해도 돼요.”
- 상황에 따라 잠시 쉬거나 물을 마실 수 있도록 제안한다.
- 너무 깊어질 경우에는 “여기까지 나눠줘도 충분해요. 고마워요.”라고 말하며 안전하게 멈춰준다.
- 반복적으로 어려움이 드러나는 학생에게는 활동 후 개별적으로 상담 연계를 부드럽게 안내할 수 있다.

▣ 알아두면 좋은 Tip

① 리더를 위한 Tip

4주차 소그룹 채플의 목적은 고민을 해결하거나 정답을 찾는 데 있지 않다. 이 시간은 조원들이 자신의 고민을 말해도 괜찮다고 느끼며, 평가 없이 받아들여지는 경험을 하는 데 의미가 있다. 따라서 리더는 조언의 결과보다 말하는 사람과 듣는 사람이 모두 편안함을 느낄 수 있는 분위기를 만드는 데 집중한다. 침묵이나 말의 중단 역시 참여의 한 방식임을 존중하며, 조언은 문제 해결이 아닌 경험을 나누는 수준에서 이루어지도록 돕는다. 4주차의 핵심은 고민을 없애는 것이 아니라, 고민을 혼자 감당하지 않아도 되는 공동체의 감각을 형성하는 것이다.

- 심리적 안전감이 가장 중요함
  - ✓ 평가받는 분위기가 되지 않도록 리더의 표정·톤을 부드럽게 유지한다.

- 고민 나눔에서 가장 중요한 것은 '해결'이 아니라 '경험 공유'
  - ✓ 학생들은 해결책보다 "누군가 내 이야기를 들어줬다"는 경험에서 큰 위로를 받는다.
    리더는 조언보다 공감·경청을 우선한다.

- 민감한 고민이 나올 때 리더의 대응
  - ✓ 판단 금지: "그건 네가 잘못한 거야." 등의 표현은 금물
    신앙 조언의 과도한 사용 금지: 일반적 공감 후 필요한 경우에만 신앙적 해석 제시
    필요하면 개인적으로 센터/상담연계 가능성을 부드럽게 안내

- 모든 학생이 말하도록 요구하지 않는다
  - ✓ 말하고 싶지 않은 학생은 "패스할게요."라고 말할 수 있도록 보장
    침묵도 참여의 한 방식임을 인정한다.

- 베스트 조언 선정은 '경쟁'이 아니라 '격려'
  - ✓ 모든 조언을 소중히 여기고, 선정은 가볍게 진행
    리더는 "모두가 서로에게 좋은 힘을 주었어요."라고 마무리해 공동체성을 강조

- 감정적 반응이 있는 학생을 위한 간단한 리더 팁
  - ✓ 조용히 물 한 잔 권하기
  - ✓ 손에 토크스틱을 쥐어 안정감 제공
  - ✓ "괜찮아, 천천히 해도 돼."라고 말하기
  - ✓ 너무 깊어질 경우 "여기까지 나눠줘도 충분해. 고마워."라고 부드럽게 멈춰주기

② 함께 나누고 싶은 영화 한 장면

영화 인사이드 아웃(피트 닥터 감독, 2015)에는 라일리가 부모님 앞에서 오랫동안 마음속에 눌러 두었던 그리움과 슬픔을 처음으로 솔직하게 드러내는 장면이 나온다.

새로운 환경에 적응해야 한다는 부담 속에서, 라일리는 '행복해야 한다'는 기대에 스스로를 맞추려 애써 왔다. 그러나 그 순간, 라일리는 자신의 마음을 설명하려 애쓰지 않고, 그저 그리움을 있는 그대로 꺼내 보인다.
그 앞에서 부모는 문제를 해결하려 하거나 아이를 다그치지 않는다.
대신 같은 마음으로 자신의 그리움을 나누며, 라일리의 감정에 조용히 함께 머문다.
그 순간 라일리는 이해받고 있다는 감각 속에서 비로소 울음을 터뜨리고, 그 눈물은 위로와 회복의 시작이 된다.
라일리는 이 장면을 통해 슬픔이 잘못된 감정이 아니라, 관계 안에서 받아들여질 때 사람을 다시 살아가게 하는 힘이 될 수 있음을 보여준다.

우리도 마찬가지다.
용기를 내어 고민을 꺼내놓을 때, 그리고 누군가의 고민 앞에서 해결보다 먼저 함께 들어주고 공감해 주는 존재를 만날 때, 비로소 마음은 안전해지고 다시 앞으로 나아갈 수 있다.

5주차 Why Jesus

주제	예수님은 누구실까? 나에게 예수님은 어떤 의미인가?

▣ 목표

1. 학생들이 이미 알고 있거나 막연하게 느끼고 있는 예수님에 대한 생각을 부담 없이 돌아보도록 돕는다.
2. "길·진리·생명"으로 자신을 소개하신 예수님의 말씀이 우리의 삶과 어떻게 연결되는지 함께 생각해 본다.
3. 정답을 말하거나 신앙 수준을 드러내는 시간이 아니라, 각자의 질문과 느낌이 존중받는 나눔의 경험을 갖도록 한다.
4. 믿음의 깊이와 관계없이 누구나 편안하게 머물 수 있는 공동체 분위기 속에서 예수님을 다시 바라보도록 한다.

▣ 활동 내용

단계	내 용	시간
들어가기	■ 활동 안내 · 오늘 소그룹 채플의 주제(Why Jesus?)와 진행 흐름 간단 소개	5분
나누기	■ 아이스브레이킹(너도 나도 게임) · 주제어를 중심으로 단어를 나누며 분위기 환기 ■ Why Jesus? 질문 나눔 + 성경 본문 연결 · "왜 예수님이 중요할까?" 질문 나눔 · 요한복음 14장 6절(길·진리·생명) 질문 나눔	40분
나오기	■ 소감 나누기 ■ 기도 ■ 마무리 및 다음 주 예고	5분

▣ 진행 가이드

1. 아이스브레이킹: 너도 나도 게임

- 먼저 종이에 이름을 쓰도록 한다
- 먼저 주제어를 던진다(예, 예수대)
- 예수대에 관련된 7가지 단어를 쓰게 한다
- 다 썼다면, 가위바위보로 먼저 단어를 외칠 사람을 정하고 오른쪽이나 왼쪽으로 돌아가면 된다
- 같은 단어를 가진 사람이 3명이면 (3점) 4명이면 (4점) 5명이면 (5점)을 얻는다 (점수란에 점수 작성) .
- 만약 두 명만 같은 단어를 썼다면, 서로 너도! 나도! 를 하고 점수는 총인원+1 (8명이면 9점)을 갖는다.
- 단 아무도 같은 단어가 나오지 않는다면 0점이다.
- 그렇게 해서 점수를 환산해서 총점에 넣는다.
- 첫판은 연습게임으로 하고, 두 번째 판부터 정식게임으로 운영한다.
- 게임이 진행되는 동안 리더는 점수보다 반응에 집중하며,
  - ✓ "아, 이런 단어들도 떠올랐네요.","비슷하게 생각한 부분도 있고, 다른 점도 있네요."와 같은 말로 분위기를 유지한다.
- 이 단계에서 중요한 것은 많이 말하는 것이 아니라, 말해도 괜찮다는 감각을 갖는 것임을 리더가 태도로 보여준다.

2. Why Jesus 예수는 누구인가

- 먼저 "예수는 왜 중요할까?"라는 질문을 던져 서로의 생각을 나눈다.

① 예수는 누구인가?

- '예수': 구원자라는 의미
- '그리스도': 기름 부음을 받은 자라는 뜻

- ‘메시야(Māšîaḥ,מָשִׁיחַ)’: 히브리어 / ‘그리스도(Χριστός)’: 고대 그리스어
- 예수를 그리스도로 부름: 예수를 구원자로 이해하는 고백

② 요한복음 14장 6절, 나는 길이요, 진리, 생명이다

- 예수는 길이다.
  - 죄의 문제의 해결사
  - 아무도 해결할 수 없는 죄의 문제를 해결하는 길이다.
- 십자가의 의미는? 십자가는 부적이 아니다.
  - 십자가는 당시에 가장 잔인하고 끔찍하고 수치스러운 형벌이었다.
- 그렇다면 왜 십자가에?
  - 우리의 죄가 그만큼 잔인하고 끔찍하고 수치스럽기 때문이다.
- 예수는 진리이다.
  - 역사적인 진리
  - BC(Before Christ)와 AD(Anno Domini)를 나누는 기준
  - 서양 문화의 발전 역시 예수님의 가르침을 통해 이루어졌다.
- 예수는 생명이다.
  - 예수님께서는 죽음을 이길 수 있는 부활 생명을 주신다고 하셨다.
  - 죽음 이후에 천국이 있을까? 하나님께서는 인간을 만드실 때 일회용으로 만들지 않으시고, 예수라는 길을 통해서 영원한 생명을 주셨다.

③ 예수님에 대해서 간단히 소개하여 주세요

▣ 알아두면 좋은 Tip

5주차 소그룹 채플은 예수님에 대해 많이 아는지를 확인하는 시간이 아니다. 오히려 각자가 예수님을 어떻게 느끼고 있는지, 혹은 아직 잘 모르겠다고 느끼는 지점을 그대로 두어도 괜찮다는 것을 경험하는 시간이다. 중요한 것은 신앙의 수준이 아니라, 안전하다고 느끼는 공동체의 분위기이다.

① 리더를 위한 Tip

- 질문 중심의 나눔
  - ✓ 예수님에 대해 결론을 서두르거나 정답을 제시하지 않는다.
  - ✓ 각자의 질문과 느낌이 자연스럽게 머물 수 있도록 기다려준다.

- 신앙 수준 비교 금지
  - ✓ 신앙 지식이나 확신의 정도를 드러내게 하지 않는다
  - ✓ "잘 모르겠다"는 말도 존중받는 응답임을 분명히 한다.

- 성경 본문의 삶 연
  - ✓ 요한복음 14장 6절을 설명하기보다 질문으로 풀어간다
  - ✓ '길·진리·생명'이 지금의 삶과 어디에서 닿는지 생각하도록 돕는다.

- 경청의 태도 존중
  - ✓ 모든 학생이 말해야 한다는 부담을 주지 않는다
  - ✓ 듣고 있는 태도 또한 충분한 참여로 인정한다.

- 리더 역할의 절제
  - ✓ 리더는 가르치기보다 공간의 흐름을 지키는 역할에 집중한다.
  - ✓ 해석이나 정리는 최소화하고, 학생들의 말이 이어지도록 돕는다.

② 너도 나도 양식

[너도, 나도]

이름:

주제어:

	단　　어	점　　수
1		
2		
3		
4		
5		
6		
7		

총점:

점수 기준 : 같은 단어를 쓴 사람이 3명일 경우 3점, 4명일 경우 4점, 5명일 경우 5점 부여
같은 단어를 쓴 사람이 2명일 경우, 해당 조원 모두 총 인원 수 +1점 획득
같은 단어가 없을 경우 0점 처리

6주차 우리들의 직업관

주제	나의 직업, 나의 자리 (소명과 청지기)

▣ 목표

1. 학생들이 직업을 단순한 생계 수단이 아닌, 자신의 삶과 연결된 질문으로 바라보도록 돕는다.
2. '꿈'과 '직업', '성공'과 '역할'에 대해 각자 가지고 있는 생각을 부담 없이 표현할 수 있도록 한다.
3. 성경에서 말하는 소명과 청지기의 개념을 통해 직업을 바라보는 새로운 관점을 제시한다.
4. 직업의 귀천이나 비교가 아닌, 각자의 자리와 역할이 존중받는 공동체적 시각을 형성한다.

▣ 활동 내용

단계	내 용	시간
들어가기	■ 활동 안내 · 직업을 어떻게 바라보고 있는지 함께 나누는 시간임을 안내	5분
나누기	■ 마음열기 ■ 영상 시청: 배상민 교수가 말하는 꿈 ■ 직업 이해 나눔 ■ 성경적 직업관 연결 : 소명(Vocation) 청지기(Steward) ■ 토론 질문:직업에는 귀천이 있을까?	40분
나오기	■ 소감 나누기 ■ 다음 주 예고 ■ 기도	5분

▣ 진행 가이드

1. 마음열기

- 이 시간은 직업을 정하거나 정답을 말하는 자리가 아니라, 지금까지 한 번쯤 떠올려 왔던 생각을 편안하게 꺼내보는 시간이다.
- 리더는 다음과 같은 질문으로 대화를 연다.
  - ✓ 만약 제한이 없다면, 어떤 직업을 갖고 싶나요?
  - ✓ 그 직업을 떠올리게 된 이유는 무엇인가요?
- 어떤 직업이 나왔는지보다, 왜 그 직업을 생각하게 되었는지에 더 귀 기울여 듣는다.
- 이유가 분명하지 않아도 괜찮으며, 말을 하다 멈추거나 정리가 되지 않아도 존중한다.
- 이 과정의 목적은 각자가 직업에 대해 한 번쯤 생각해보는 시간을 갖는 데 있다.

2. 영상 시청: 배상민 교수가 말하는 꿈

① 영상 안내

- 리더는 화면을 준비하거나, 조원들과 함께 휴대전화를 통해 영상을 시청하도록 안내한다.
- 가능하다면 강의실 조명을 약간 낮추어, 영상에 집중할 수 있는 환경을 조성한다.
- 리더는 영상 시청 전에 다음과 같이 안내한다.
  - ✓ "이 영상은 크고 찬란한 '태양 같은 롤모델'을 제시하기보다, 각자가 서 있는 자리에서 자기 몫의 빛을 내는 '별 같은 존재'에 대해 이야기합니다. 또한 우리가 지금 이 자리에 있기까지, 이미 거저 주어진 것들이 많다는 점도 함께 돌아보게 합니다."
- 본 영상은 정답이나 결론을 제시하기보다, 꿈과 롤모델을 바라보는 하나의 관점을 나누기 위한 자료임을 안내한다.
- 메모를 요구하지 않으며, 편안한 마음으로 시청하도록 돕는다.

② 영상 링크

	youtube 세바시 329회 세상을 치유하는 나눔 디자인 | 배상민 KAIST 교수 https://youtu.be/LH71QPRuQDQ?si=xNZ3v-zEIVrjvcAG&t=890

- 영상 시청 후에는 바로 해석하지 않고, 잠시 여백의 시간을 갖는다.
- 리더는 다음과 같이 안내한다.
  - ✓ "기억에 남는 한 문장이나 느낌이 있다면, 편하게 나눠도 괜찮습니다."

3. 직업 이해 나눔

- 우리가 일상적으로 떠올리는 직업은 전체 직업의 일부에 불과하며, 국내에는 16,891개의 직업이 존재한다(한국고용정보원, 2020)[2].
- 학생들이 '좋은 직업', '성공한 직업'에 대해 가지고 있던 기준을 자연스럽게 돌아보도록 돕는다.
- 이 단계의 핵심은 직업을 비교하거나 평가하는 것이 아니라, 직업과 진로에 대한 시야를 넓히는 데 있다.

4. 성경적 직업관 연결: 소명과 청지기

① 소명

- 소명에 대한 말씀을 다 함께 읽어보고, 퀴즈를 진행한다.
- 에베소서 말씀을 바탕으로 "소명이란 무엇일까요?"라는 질문을 던지며, 소명에 대해 이해하는 시간을 갖는다.

② 청지기

- 청지기에 대한 말씀을 다 함께 읽어보고, 퀴즈를 진행한다.
- 베드로전서 말씀을 바탕으로 "청지기란 무엇일까요?"라는 질문을 던지청지기에 대해 이해하는 시간을 갖는다.
- 역할에는 크고 작음의 문제가 아니라, 맡겨진 것에 대한 책임이 따른다는 점을 함께 이야기 나눈다.
- 소명과 청지기의 개념이 현재의 학생 신분과 공동체 안에서도 충분히 적용될 수 있음을 이야기하며 정리한다.

---

2) 한국고용정보원. (2020). 2020 한국직업사전 통합본 제5판. 한국고용정보원.

5. 토론 질문: 직업에는 귀천이 있을까?

- 리더는 본 활동이 찬반을 나누는 토론이 아님을 분명히 안내한다.
- 이 질문은 정답을 말하는 것이 아니라, “왜 그렇게 생각하는지”를 말할 수 있으면 충분함을 강조한다.
- 말하지 않고 듣는 선택 역시 존중받는 참여 방식임을 함께 확인한다.
- 리더는 하나의 결론으로 정리하기보다, 각자의 생각이 다를 수 있음을 인정하며 활동을 마무리한다.

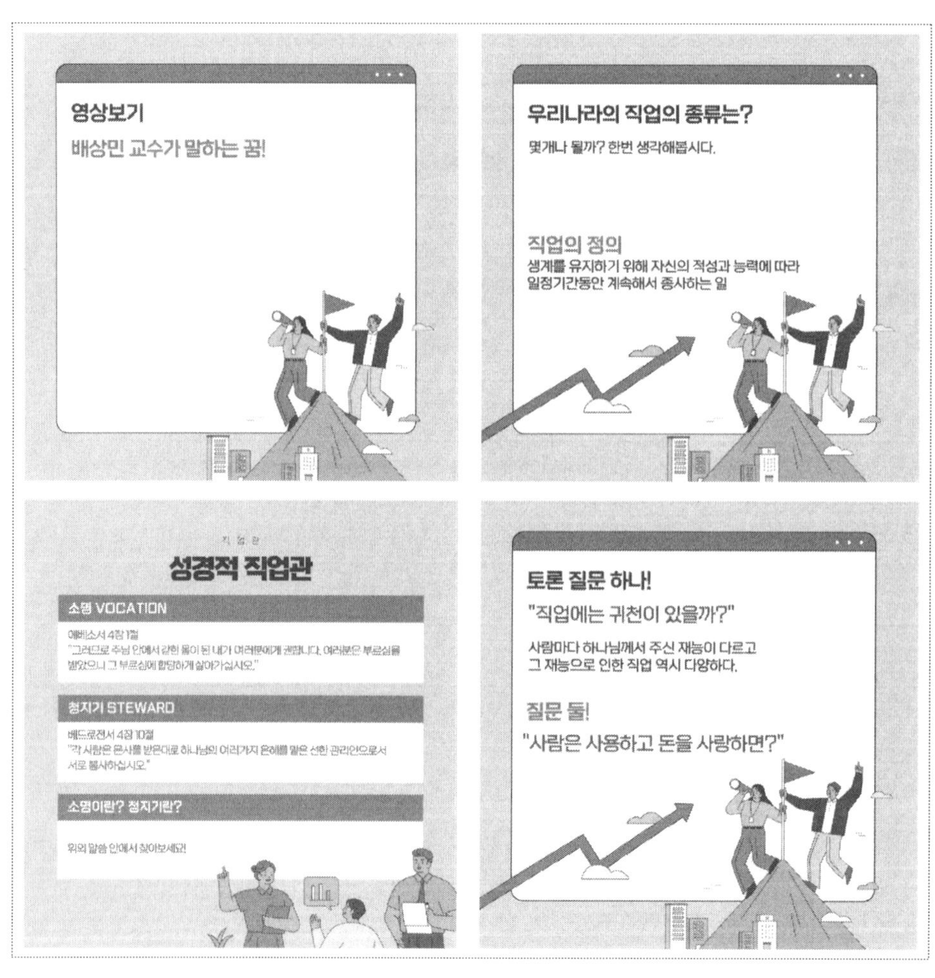

▣ 알아두면 좋은 Tip

6주차는 직업을 결정하거나 방향을 제시하는 시간이 아니라, 직업을 바라보는 관점을 넓히고 스스로 질문해보는 시간이다. 학생마다 상황과 준비도가 다르므로, 비교와 평가가 개입되지 않도록 주의가 필요하다.

① 리더를 위한 Tip

- 직업 이야기는 '결정'이 아니라 '과정'임을 분명히 하기
  - ✓ 이 시간은 진로를 정하는 자리가 아님을 먼저 안내한다.
  - ✓ 지금까지 떠올려 본 생각을 꺼내보는 정도면 충분하다고 설명한다.
  - ✓ 답을 말하지 않아도 참여하고 있는 것임을 인정한다.

- 꿈과 직업을 동일시하지 않도록 조율하기
  - ✓ 꿈이 반드시 직업으로 이어지지 않아도 괜찮다는 메시지를 전한다.
  - ✓ 직업은 삶의 전부가 아니라 삶의 한 부분임을 자연스럽게 짚어준다.
  - ✓ 특정 직업이 더 가치 있어 보이지 않도록 표현을 조심한다.

- 비교와 위계를 만들지 않도록 흐름 관리하기
  - ✓ 학생들 사이에 직업의 높고 낮음이 암묵적으로 형성되지 않도록 주의한다.
  - ✓ "대단하다", "부럽다" 같은 반응도 상황에 따라 조절한다.
  - ✓ 서로 다른 선택과 생각이 공존할 수 있음을 반복해서 확인한다.

- 성경 본문은 해석보다 연결에 초점 두기
  - ✓ 말씀을 깊이 해석하거나 설명하려 하지 않는다.
  - ✓ '소명'과 '청지기'를 지금의 학생 역할에 연결하는 데 집중한다.
  - ✓ 현재 맡고 있는 자리도 이미 하나의 역할일 수 있음을 강조한다.

- 토론 질문은 결론 없이 남겨두기
  - ✓ "직업에는 귀천이 있을까?"는 답을 내기 위한 질문이 아님을 분명히 한다.
  - ✓ 다양한 생각이 나왔다는 사실 자체를 의미 있게 다룬다.
  - ✓ 이 질문이 앞으로도 계속 생각해볼 질문으로 남도록 마무리한다.

- 마무리는 무겁지 않게, 그러나 방향은 분명히 하기
  - ✓ 오늘 나눈 이야기가 삶 전체를 규정하지 않는다는 점을 짚어준다.
  - ✓ 각자의 속도와 자리에서 고민해도 괜찮다는 메시지를 전한다.
  - ✓ 다음 주로 자연스럽게 이어질 수 있도록 여지를 남긴다.

7주차 나는 왜 살까

주제	삶의 의미 생각해보기: 행복, 나눔, 그리고 나의 자리

▣ 목표

1. "나는 언제 행복한가", "요즘 나는 무엇에 마음이 가는가"를 스스로 돌아보게 한다.
2. 누군가를 돕거나 배려했던 경험이 자신의 마음과 삶에 어떤 영향을 주었는지 떠올려 보게 한다.
3. 삶의 의미에 대해 정답을 찾기보다, 각자의 질문을 존중받는 분위기를 만든다.
4. 소그룹 채플이 '답을 주는 자리'가 아니라 '생각을 놓아볼 수 있는 자리'임을 경험하게 한다.

▣ 활동 내용

단계	내 용	시간
들어가기	■ 오늘의 시간 안내 · 나눔의 원칙 공유	5분
나누기	■ 마음열기 · 나는 언제 행복할까?: 일상의 작은 순간의 행복 깨닫기 · 마더 테레사 이야기: 작은 일로 행복 느끼기 · 헬퍼스 하이(Helper's High):선한 영향력 · 누림에서 나눔으로: 나눔의 만족 ■ 나는 왜 살까? : 삶의 의미 찾아가기 ■ 설문조사 : 1년간 소그룹 채플 돌아보기	40분
나오기	■ 소감 나누기 ■ 기도	5분

▣ 진행 가이드

1. 마음열기

① 나는 언제 행복할까?

- 리더는 포스트잇을 나누어 주며 이렇게 말한다.
  - ✓ "요즘을 떠올려 봤을 때, 내가 가장 괜찮았던 순간은 언제였을까요?"
  - ✓ 예) 편했던 순간, 마음이 좀 가벼웠던 순간도 가능
- 단어나 짧은 문장으로 적어도 충분하다고 안내한다.
- 나누기는 자발적으로 하되, 2~3명 정도만 들어도 충분하다.
- 리더는 이야기에 해석을 덧붙이지 않고, 고개를 끄덕이며 듣는다.

② 마더 테레사 이야기

- 리더는 조용한 분위기를 만든 뒤, 문장을 천천히 읽어준다.
  - ✓ "우리에게 중요한 것은 한 사람 한 사람입니다. 예수님은 한사람 한사람을 구원하시기 위해 돌아가셨습니다. 우리는 큰 일을 할 수 없습니다. 오직 작은 일을 큰 사랑으로 할 수 있을 뿐입니다."
- 읽은 뒤 바로 질문하지 않고 잠시 여백을 둔다.
- 이후 이렇게만 덧붙인다.
  - ✓ "이 문장을 들으면서 떠오른 생각이나 느낌이 있다면 나눠도 됩니다."
- 공감하거나 고개를 끄덕이는 반응만으로 충분하다.

③ 헬퍼스 하이(Helper's High)

- Helper's High는 타인을 돕는 행동을 할 때 경험할 수 있는 긍정적 정서와 심리적 만족감을 의미하는 개념으로, 심리학 연구에서는 이러한 경험이 스트레스 감소, 긍정 정서 증가, 삶의 만족도 향상과 관련되는 것으로 보고하고 있다((Luks & Payne, 2001)[3].

---

3) Luks, A., & Payne, P. (2001). The healing power of doing good. iUniverse.

• 말하고 싶지 않은 경우에는 나누지 않아도 괜찮다고 안내한다.
  ✓ 혹시 누군가를 도와주고 나서, 오히려 내가 더 괜찮아졌다고 느꼈던 경험이 있나요?”
  ✓ 여러분이 선택한 간호사의 역할은, 누군가의 하루를 조금 덜 힘들게 만드는 일에 더 가깝습니다. 그런 역할을 선택한 여러분의 길을, 이 시간 조용히 응원합니다.

④ 누림에서 나눔으로

• 리더는 비교하지 않는 질문을 던진다.
  ✓ 뭔가를 많이 누렸던 순간과 누군가에게 조금이라도 나눴던 순간 중 더 오래 기억에 남는 순간은 언제인가요?
  ✓ 나누는 사람과 받는 사람 중 더 행복한 사람은 누구 일까요?
• 답을 정리하거나 방향을 제시하지 않는다.
• 이 단계는 분위기를 차분하게 정리하는 역할을 한다.

⑤ 나는 왜 살까?

• 리더는 포스트잇을 다시 나누어 주며 이렇게 말한다.
  ✓ 지금 내 인생의 목적은 무엇일까요? 잠시 생각해보고 함께 나누어 볼까요?
• 이유가 분명하지 않아도 괜찮다고 말해준다.
  예) 사람, 책임, 아직 잘 모르겠음, 오늘 하루 등
• 나누고 싶은 사람만 짧게 말하도록 한다.
• 침묵이 생겨도 채우지 않는다.

2. 설문조사

• 소그룹 채플 운영에 대한 설문조사를 실시한다.

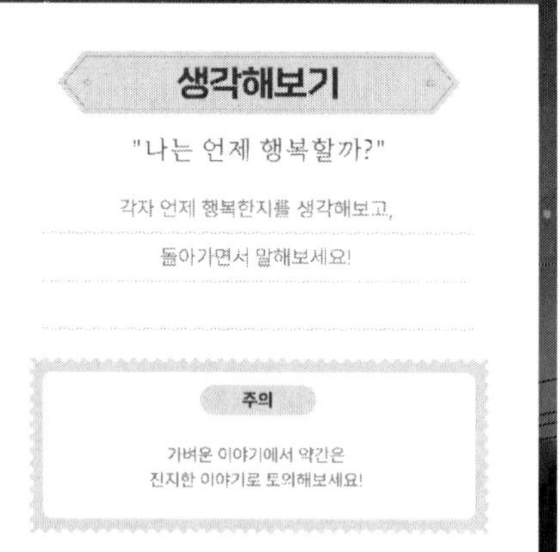

마더 테레사는?

"우리에게 중요한 것은 한 사람 한 사람입니다. 예수님은 한 사람 한 사람을 구원하시기 위해 돌아가셨습니다. 우리는 큰 일을 할 수 없습니다. 오직 작은 일을 큰 사랑으로 할 수 있을 뿐입니다."

1950년 인도 콜카타에서 사랑의 선교회 설립

1979년 노벨평화상/ 약자들을 위해 평생을 헌신

헬퍼스 하이 효과

'테레사 수녀처럼 남을 위한 봉사활동을 하거나 선한 일하는 것을 보기만 해도 인체의 면역기능이 크게 향상 되는 현상'

앨런룩스(Allan Luks)는 3000명의 자원봉사자들을 대상으로 연구한 결과 남을 도운 후 혈압과 콜레스테롤 수치가 낮아졌고 행복함을 느낄 때 분비되는 '엔도르핀'이 정상인보다 3배이상 분비되어 몸과 마음에 활력이 생긴다는 사실을 알아냈다..

누림에서 나눔으로

'4만 5천원이면 아프리카의 한 아이가 새 삶을 살 수 있는 것을 알고 더 이상 유흥업소에 돈을 쓰지 않습니다' - 배우 차인표

누군가에게 나누어주면 받는 사람보다 주는 사람이 더 행복해지는 법입니다!

▣ 알아두면 좋은 Tip

이번 주차는 답을 이끌어 내는 시간이 아니라, 학생들이 각자 자신의 마음에 떠오른 질문 하나쯤을 품고 돌아갈 수 있도록 돕는 시간이다. 무언가를 정리하거나 결론을 내기보다, 지금의 생각과 느낌이 그대로 있어도 괜찮다는 경험을 나누는 데 의미가 있다. 리더의 역할은 설명자가 아니라, 학생들이 자신의 생각을 안전하게 꺼내놓을 수 있는 환경을 유지하는 역할을 담당한다.

① 리더를 위한 Tip

- 삶의 의미를 묻는 질문은 조심스럽게
  - ✓ 학생들에게 "왜 살까?"라는 질문은 깊지만 동시에 부담스러울 수 있다.
  - ✓ 구체적인 답을 요구하기보다,
  - ✓ 지금은 생각이 정리되지 않아도 괜찮다는 메시지를 반복해 주는 것이 중요하다.

- 침묵은 실패가 아닌 과정
  - ✓ 이 주차에서는 말이 적어질 수 있다.
  - ✓ 침묵이 생기더라도 리더가 채우려 애쓰지 않는 것이 오히려 안전감을 준다.
  - ✓ 아무 말도 하지 않는 선택 역시 충분한 참여임을 인정해 준다.

- 해석과 정리는 최소한으로
  - ✓ 마더 테레사 이야기, 헬퍼스 하이, 나눔의 경험은 각자에게 다른 의미로 다가올 수 있다.
  - ✓ 리더의 신앙적·도덕적 해석을 덧붙이기보다 "그렇게 느낄 수도 있겠네요" 정도의 반응이면 충분하다.

- '지금의 자리'를 존중하는 태도
  - ✓ 아직 잘 모르겠다는 답, 막연한 답도 그대로 존중한다.
  - ✓ 이 주차의 핵심은 방향 제시가 아니라 존중받는 경험이다.

② 조원들과 나눔을 깊게 만드는 Tip

- 질문 방식
  - ✓ "왜?"라는 질문보다
  - ✓ "그때 어떤 느낌이었나요?", "왜 기억에 남았을까요?"처럼 감정을 묻는 질문에 대한 부담을 줄이고 나눔을 자연스럽게 만든다.

- 나눔의 기준
  - ✓ 깊이 있는 이야기나 특별한 경험이 아니어도 충분하다.
  - ✓ 사소한 일상 이야기 하나가 오히려 더 많은 공감과 연결을 만든다.

- 간호사의 역할 이해
  - ✓ 헬퍼스 하이를 설명할 때 간호를 숭고하게 강조하기보다 "누군가의 하루를 조금 덜 힘들게 하는 지속적인 역할"로 연결하면 현실적으로 다가온다.

- 마무리 방식
  - ✓ 이 주차는 결론을 내리기보다 질문을 남기는 것이 더 적절하다.
  - ✓ "이 질문을 앞으로도 가끔 떠올려 보면 좋겠다"는 한 문장으로 충분하다.
  - ✓ 질문을 품고 돌아가는 경험 자체가 의미 있는 마무리가 될 수 있다.

참고문헌

- 고희성, 김대용, 양명석, 윤진, 최경윤(2022). 『세움 공동체』. 예문.
- 데이비드 브루베이커 & 루스 후버 지머먼(2016). 『건강한 조직 만들기』. 김홍석 옮김. Korea Anabaptist Press.
- 배본철(2013). 『성령, 그 위대한 힘 』. 넥서스cross.
- 예수대학교 영성교육위원회(2013). 『기독교 세계관적 전환』. 공감인(IN).
- 케이 프라니스(2012). 『서클 프로세스』. 강영실 옮김. Korea Anabaptist Press.
- 파커 파머(2000). 『삶이 내게 말을 걸어올 때』. 한문화.
- 한국고용정보원. (2020). *2020 한국직업사전 통합본* (제5판). 한국고용정보원.
- 회복적정의 평화배움연구소 에듀피스. (2019). 공동체를 위한 꾸준한 실천: 벌새 이야기(*The story of the hummingbird)* [YouTube 동영상]. YouTube. https://youtu.be/-NqOP3bQVkg
- 방탄소년단. (2018). Answer: Love myself [노래]. *LOVE YOURSELF 結 'Answer'* [앨범]. 빅히트 엔터테인먼트.
- 세바시 강연 Sebasi Talk. (2013). 세바시 329회: 세상을 치유하는 나눔 디자인 | 배상민 KAIST 교수 [YouTube 동영상]. YouTube. https://youtu.be/LH71QPRuQDQ
- Luks, A., & Payne, P. (2001). *The healing power of doing good: The health and spiritual benefits of helping others.* iUniverse.
- Docter, P. (Director). (2015). *Inside out* [Motion picture]. Walt Disney Pictures.
- Brubaker, D. W. & Zimmerman, R. H. (2016). *건강한 조직 만들기* (김홍석, 역). Korea Anabaptist Press.

저자소개

- **김대용 예수대학교 교수**
- **윤지영 예수대학교 교수**
- **이정미** 예수대학교 교수

에듀컨텐츠·휴피아
ECH Educontents·Huepia

너를 세우고, 나를 세우는

소그룹 채플

2025년 12월 20일 초판 1쇄 인쇄
2025년 12월 30일 초판 1쇄 발행

저　자 | 김대용, 윤지영, 이정미 • 공저

발행처 | 도서출판 에듀컨텐츠휴피아
발행인 | 李 相 烈
등록번호 | 제2017-000042호 (2002년 1월 9일 신고등록)
주　소 | 서울 광진구 자양로 28길 98, 동양빌딩
전　화 | (02) 443-6366
팩　스 | (02) 443-6376
e-mail | iknowledge@naver.com
web | http://cafe.naver.com/eduhuepia
만든사람들 | 기획 • 김수아 / 책임편집 • 이진훈 한진수 정민경
디자인 • 유충현 / 영업 • 이순우

ISBN 978-89-6356-544-6 (13230)
정　가 14,000원